知っておきたい

老後資金計画から終活まで…

50代必修の10科目

ビジネス教育出版社

まえがき

　人生の折り返し時点ともいえる50代になると今までとは違った風景が見えてきます。

　20～40代までは、仕事、子供の養育、住宅の確保等が主要な課題でした。50代以降は心身の衰え、老後生活への準備、両親の介護、相続そして終活等が視野に入ってきます。収入が年々増えていく20～40代とは違い、役職定年や退職等により収入が減っていく50～60代は、今までと違った観点で「お金」についても考えなければなりません。

　本書は50代以降の方が後半生で遭遇するであろうテーマを分かりやすく縦断的にまとめてあります。とりあげたテーマは、私がファイナンシャル・プランナー兼行政書士として相談業務に従事する中で、特にお客様の関心の高い分野を選びました。本書を通読すれば、50代からの関心事である10つのテーマについて概要を把握できます。その中で、「資産運用は関係ないと思っていたけど、ちょっと対策が必要そうだな……」「遺言書は不要だと思っていたが作らないと……」など、たくさんの気付きが得られるでしょう。

　本書で取り上げたテーマは、どれも無視できない課題ばかりです。この本が、今後の皆様の人生においてよき道案内になれば幸いです。

2018年12月

田井秀道

各章の紹介

第1章では

　定年までにはおよそ3,000万円の貯金があると安心と言われています。ただし、今3,000万円も貯金できている人は少ないのではないでしょうか。第1章では、老後生活の何にどれだけお金がかかるかを検討します。
そして、経済的に安心した老後生活を送るための資金計画はどう作成したらよいかお話しします。

第2章では

　我慢を強いる無理な節約ではなく、無駄な出費を上手に抑えて家計を改善する方法を検討します。支出の中でも見過ごされがちな固定費にメスを入れましょう。固定費は大概預金口座から自動で引き落とされて、ややもすれば当然の費用として看做されがちですが、固定費の削減は長期にわたって大きな節約効果が期待できます。具体的には、各種保険料、通信費、光熱費、住宅ローンなどです。
　近年、よく聞くようになった「リバースモーゲージ」についても解説しています。これは究極の老後資金の捻出方法です。

第3章では

　多くの方は、お金を運用するという概念がありません。使わないお金は銀行預金に入れておくだけという方も多いのではないでしょうか。預貯金だけでは今後のインフレーションに勝てず、実質的に資産が減ってしまうでしょう。若い時代と老後時代では金融資産の運用に対するスタンスが違います。リスクを抑えながら上手に運用する方法を考えましょう。

第4章では

　働くあなたに万が一のことが起きたら……。その対策として、あまり深く考えずに生命保険に入られた方も多いと思います。家族構成が大きく変わった今は、その見直しの時期です。そして、生命保険の目的・意義について再確認しましょう。

第5章では

　50代ではまだ健康に自信を持たれている方が多いでしょう。しかし、筆者の実体験からいうと、50代後半から体調に色々変調が出てきます。統計的には60代が身体上の健康問題が顕著に現れてくる時期です。
　健康×マネーといえば保険です。医療保険、がん保険、介護保険、収入保障保険など様々な種類の保険が存在します。保険に加入する必要はあるのか? 加入するとしたら、何に注意すべきか? 今一度確認しましょう。

第6章では

　精神上の衰え（認知症等）は統計的に70代後半から顕著に現れ始めます。あなたのお父様やお母様は特に気を付けるべき年齢になっているのではないでしょうか。認知症になるとどんな問題が起こるのか？どんな手立てがあるのかを知っていますか。認知症等の方の生活と財産を守るための法的手立てに成年後見制度があります。認知症になる前にご両親としっかりと話し合うためにも、認知症にかかわる問題や成年後見制度についての知識を身に付けましょう。

第7章では

　相続は誰でも一度は経験します。何らかの準備をしておかないと、色々な問題が出てきます。事前に問題を回避するには遺言書を書いておくことです。遺言書があれば、遺された家族の不要な手間やトラブルを避けることができます。遺言書には無料で作れる自筆証書遺言と作成にお金がかかる公正証書遺言がありますが、基本的には公正証書遺言がおすすめです。なぜ遺言書が必要なのか、なぜ公正証書遺言なのか、を分かりやすく解説します。2018年7月に成立した相続関連の法改正も理解しておきましょう。

第8章では

　遺言や成年後見では解決出来ない複雑な家庭の事情があります。そういう境遇においては家族信託が解決策を提供してくれます。家族信託とは何か。どういう場面で家族信託が有効に活用できるのかお話しします。家族信託はまだ活用例が少なく、専門家も限られていますが、今後はポピュラーな老後問題の解になると思います。ぜひ家族信託を理解してください。

第9章では

　2015年1月に相続税法の大幅な改正が施行され、多くの人が相続税を払うようになりました。今まではお金持ちや土地持ちだけの問題だった相続税ですが、もはや誰もが対策を講じなければならない時代です。相続税の基礎を学び、節税策を検討しましょう。

第10章では

　終活は人生最後の仕事です。そして人生半ばの今、すべきことです。終活とは自分が歩んできた道のりを見直す作業で、その過程で残りの半生を生きる糧が見つかります。そして逝く前に何を家族に遺したいか、遺すべきなのか？　一緒に考えていきましょう。ご自身だけでなくご両親にとっても有用な章であると思います。

v

第11章では

　終活の一環として、ラスト・プラニング・ノート（いわゆるエンディング・ノート）の作成をおすすめします。家族が惑わないように、あなたの亡き後の手続きを家族に伝えましょう。葬儀の段取りや財産目録（資産と負債の両方）、個人事業の引き継ぎにかかる情報も書き記しておきましょう。

本書は50代から遭遇する様々な人生の課題を取り上げていますが、第1章から終章まで一気に通読する必要はありません。今、興味を持たれている話題から拾い読みしていってください。また本書は、60〜80代の方々にとっても有用な内容を網羅しています。読者の皆様のお父様やお母様は、本を読む気力をお持ちでない方もいらっしゃるでしょう。その方達には、ぜひ読者の皆様が本書の内容を理解して、重要部分を口頭でお伝えしてあげてください。

目　次

第1章：50代からの資金計画

1. 老後資金を考える～まず資産の現状を把握する ································· 2
2. 退職後の収入を知る ··· 5
3. 退職後の支出を予測する ··· 10
4. 老後生活期間の収支を予測する ·· 13
5. 我が家のキャッシュフロー表を作成する ····································· 23

Tea Break：教育費はこんな方法でも用意できる ······························· 28

第2章：家計簿の改善

1. 固定費を見直す～無理なく経費削減 ··· 32
2. 生命保険料を見直す　～毎月1万円超節約 ··································· 33
3. 火災保険料を見直す　～いらない補償をなくす ····························· 35
4. 通信費を見直す　～増大するスマホ費用に焦点！ ························· 37
5. 光熱費を見直す　～電気・ガス自由化メリットを享受する ·············· 39
6. 自動車保険料を見直す　～通販型・補償範囲を見直す ··················· 39
7. 自動車保有を再考する　～所有から利用へ ··································· 41
8. 住宅ローンを見直す　～利息の負担を減らす ······························ 42
9. 65歳まで就労を継続する　～60代はまだ若い！ ··························· 44
10. リバースモーゲッジを活用する　～究極の不動産活用 ··················· 45
11. 払っているのを忘れている支出　― 番外編① ····························· 48
12. 親の医療費・介護費を確定申告する― 番外編② ·························· 49

第3章：金融資産の運用

1. 50代からの資産運用の考え方 ··· 52
2. インデックスファンドで長期・積立・分散投資 ····························· 55
3. 値下がりのリスクを抑える　～損失許容度を決める ······················ 59
4. iDeco（イデコ）と NISA（ニーサ） ·· 60

Tea Break：シェアハウス "かぼちゃの馬車" の教訓とは? ····················· 63

vii

第4章：万が一に備える

1. 生命保険を理解する ·· 66
2. 遺族の収入と支出、必要保障額を把握する ·········· 70

第5章：身体の衰えに備える

1. 身体の衰えに備えるための保険 ························· 76
2. 医療と医療保険 ·· 77
3. がんとがん保険 ·· 81
4. 介護と介護保険 ·· 87
5. 減収の補填を考える ·· 95

Tea Break：がん治療の現状 ······························· 97

第6章：認知症と成年後見制度

1. 認知症の現状 ·· 100
2. 成年後見制度を理解する ·································· 104
3. 法定後見制度の仕組み ····································· 107
4. 任意後見制度の仕組み ····································· 108
5. 後見人の業務 ·· 110
6. 後見登記制度の仕組み ····································· 114
7. 成年後見制度を活用する際の留意点 ·················· 115
8. 他の制度との併用 ··· 117

第7章：トラブルのない財産の承継Ⅰ － 遺言書

1. 相続に潜む問題点 ··· 122
2. 遺言書が解決の糸口になる ······························ 125
3. 遺言書には種類がある ····································· 126
4. 相続人の強い権利（遺留分）には注意が必要 ······· 130
5. 負の遺産に留意する ·· 132
6. 改正相続法が施行されます ······························ 135

Tea Break：法定相続人が24人！ ······················· 137

第8章：トラブルのない財産の承継 II － 家族信託

1. 成年後見や遺言では解決できない問題 ································ 140
2. 家族信託で解決する ··· 141
3. 家族信託のメリットと留意点を確認する ···························· 147

第9章：相続税

1. 相続税のあらまし ··· 152
2. 知っておきたい節税の制度 ··· 157

Tea Break：アパート経営で相続税対策 !? ······························ 164

第10章：家族のための終活

1. 終活はいつする?今でしょ！ ·· 168
2. 家族と一緒の時間を設ける〜思い出を遺す ························· 169
3.To-Do リストを作成し、実行する ···································· 170
4. 自分史を書く〜家族史を遺す ··· 171
5. 道標（みちしるべ）を書く〜願いを遺す ····························· 173
6. 死後事務リストを作る〜家族の事務負担を軽減する ················ 174

第11章：ラスト・プラニング・ノート

1. ラスト・プラニング・ノートに何を書く? ···························· 182
2. 個人情報 ··· 182
3. 重要書類保管場所 ··· 183
4. 通夜・葬儀の段取り ··· 183
5. 尊厳死宣言 ·· 185
6. 臓器の提供 ·· 187
7. 個人事業の引き継ぎ ··· 188
8. 遺品の整理 ·· 189

第1章
50代からの資金計画

本章を読んでほしい方
・老後について具体的な資金計画を立てていない方
・家計簿の収支に不安のある方
・老後資金が充分かどうか不安のある方

人生後半の最大の不安材料は老後資金です。あなたの財産の現状を把握したうえで、老後生活を送るにはどの位の資金が必要になるのか予測して、いまから老後資金の貯蓄に取り組みましょう。

1 老後資金を考える ～まず資産の現状を把握する

　こんにちは！行政書士兼ファイナンシャル・プランナーとして活動している田井と申します。本書は、50～60代の皆様に「知らないでは済まされないお金の話」をできるだけ分かりやすく紹介させていただきます。
　人生の折り返し点とも言える50代は老後資金の調達を真剣に考える時期です。一体どの位の老後資金が必要になるのか。その解を求めるには、まず老後の生活費の収支を予測する必要があります。50代になると再雇用時の収入や年金受給額が分かってきます。支出も基本生活費のほかに一時的支出額が少しずつ見えてきます。そして予測した赤字累積額が退職時までに貯蓄しておくべき額になります。この章では「老後生活の収入額と支出額の算出方法」と「老後生活全期間の収支を網羅したキャッシュフロー表の作成方法」をご紹介します。

 あなたの財産は総額でおいくらですか？

　私は老後資金計画の相談をよく受けますが、最初に行うのは「お客様の資産の確認」と「お客様の老後資金は充分かどうかの把握」です。いずれも今後の資金計画や資産形成において重要な手掛かりとなります。

皆さんはご自分の財産の全貌を把握しておられるでしょうか。ご自宅はいくらの価値がありますか。銀行の預金・株や投資信託はいくらお持ちでしょうか。住宅ローンなどの借入金はどの位残っていますか。
　これらを一枚の紙に分かりやすくまとめたものをバランスシートといいます。本書を読み進める際、「自分の場合はどうだろう？」と当てはめながら読んで下さい。また以下の要領でバランスシートを作成し、ご自身の資産の全貌を把握しましょう。

次頁の図式に数値を書き込んでいけば、個人資産のバランスシートができます。

第1章 50代からの資金計画

個人資産バランスシート（○○○○年○月○日現在）

資産：		負債：	
現金	万	住宅ローン	万
預貯金	万	自動車ローン	万
		カードローン	万
有価証券 　株式、債券、投資信託等)	万	銀行借入れ	万
		その他の負債	万
債権（貸付金等）	万		
保険証券 （解約返戻金額）	万	負債合計	万
その他の資産 （ゴルフ会員権等）	万	純資産：	
流動資産計	万	純資産の合計	万
持ち家： 土地（時価または路線価格）			
建物（時価または固定資産税評価額）			
固定資産計	万		
資産合計	万	負債と純資産の合計	万

3

資産合計と負債合計の差が純資産額です。大雑把な計算ですがご自分の資産力を計る目安になります。平成29年度の総務省の統計によると、一世帯当たりの金融資産の平均保有金額は40代では1,074万円、50代では1,699万円、60代では2,382万円となっています。皆さんの貯蓄額はいかがでしょうか。

　年に一度バランスシートを更新すると純資産額の変化を把握できます。特に流動資産合計から負債を差し引いた額の変化に気を付けましょう。この差額が老後生活の資金源となります。

あなたの老後資金は充分か？

　「定年退職をしたら1年に1回は温泉旅行。いやいや3カ月に1回ぐらいの頻度で行ってもばちは当たらないはずだ」と楽しい老後生活を夢見ている方も多いかもしれません。しかし現実はそう甘くはありません。退職金や預貯金は有限ですので計画的に使う術を学びましょう。

　経済的に自立した老後生活を送るためには引退時にどの位の貯蓄があればよいでしょうか。その答えをだすには老後生活における収入と支出額を把握しておく必要があります。

2 退職後の収入を知る

　老後資金が充分かどうかを確かめるためには、まず退職後の収入源とその額を把握する必要があります。老後生活における主な収入源は国から支給される老齢年金です。では、公的老齢年金について詳しく学びましょう。

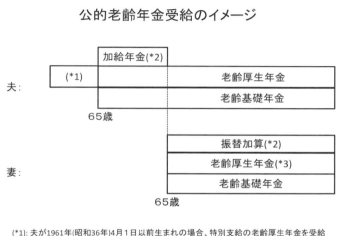

(*1): 夫が1961年(昭和36年)4月1日以前生まれの場合、特別支給の老齢厚生年金を受給する
(*2): 夫の厚生年金加入歴が20年以上、且つ、妻の厚生年金加入期間が20年未満であることなどが条件
(*3): 妻に会社員又は公務員としての勤務歴がある場合に受給できる

定年後の大事な収入源は「年金」

　公的老齢年金には老齢基礎年金と老齢厚生年金の2種類あります。どちらも男女ともに65歳から受給資格が生じます。ただし、1961年（昭和36年）4月1日以前生まれの男性および1966年（昭和41年）4月1日以前生まれの女性は、"特別支給の老齢厚生年金"が60歳から64歳の間に支給が開始され、65歳到達時まで支給が続きます。例えば1956年（昭和31年）に生まれて会社勤めをされていた男性は、62歳から"特別支給の老齢厚生年金"を受給できます。なお、特別支給の老齢厚生年金の支給額は、65歳から支給開始される老齢厚生年金と同額と考えてください。

特別支給の老齢厚生年金－支給開始年齢（抜粋）

生年月日		支給開始年齢
男性	女性	
昭和28年4月2日～30年4月1日	昭和33年4月2日～35年4月1日	61歳
昭和30年4月2日～32年4月1日	昭和35年4月2日～37年4月1日	62歳
昭和32年4月2日～34年4月1日	昭和37年4月2日～39年4月1日	63歳
昭和34年4月2日～36年4月3日	昭和39年4月2日～41年4月1日	64歳
昭和36年4月2日以降	昭和41年4月2日以降	－

ねんきん定期便でもらえる年金額を確認しよう

　ねんきん定期便は、年金受給開始年齢に到達していない方に日本年金機構から毎年誕生月に送られてきます。50歳以上の方に送られてくるねんきん定期便には何歳から毎年どんな年金がどの位もらえるのかが記載されています。ねんきん定期便に記載されている"老齢年金の見込み額"は、現在の条件に変更なく60歳まで既存の公的年金制度に継続加入していることを前提にした見込み額です。

　今後60歳までの間に収入額に変更が予想される場合や60歳以降も就労を予定している場合は、この年金見込み額に加算・減算する必要があります。

　それでは実際のねんきん定期便を見てみましょう。

Aさんの年金定期便

1. これまでの年金加入期間

（老舗年金の受け取りには、原則として300月以上の受給資格期間が必要です。なお、平成29年8月以降については、原則として120月以上の受給資格期間が必要です。）

国民年金（a）			船員保険（c）	年金加入期間合計（未納月数を除く）(a+b+c)	合算対象期間（うち特定期間）(d)	受給資格期間(a+b+c+d)
第1被保険者（未納月数を除く）	第3号被保険者	国民年金 計（未納月数を除く）				
244月	0月	244月	0月	476月	0月 (0月)	476月
厚生年金（b）			厚生年金保険 計			
一般厚生年金	公務員厚生年金（国家公務員・地方公務員）	私学共済厚生年金（私立学校の教職員）				
232月	0月	0月	232月			

2. 老齢年金の種類と見込額（1年間の受取見込額）

受給開始年齢	**歳～	**歳～	63歳～	65歳～
(1)国民年金				老齢基礎年金 752,891円
(2)厚生年金保険	特別支給の老齢厚生年金	特別支給の老齢厚生年金	特別支給の老齢厚生年金	老齢基礎年金
一般厚生年金期間		(報酬比例部分) *****円 (定額部分) *****円	(報酬比例部分) 372,571円 (定額部分) 円	(報酬比例部分) 372,571円 (定額部分) 39,303円
公務員厚生年金期間（国家公務員・地方公務員）	(報酬比例部分) *****円 (定額部分) *****円 (経済的領域加算額)(共済年金) *****円	(報酬比例部分) *****円 (定額部分) *****円 (経済的領域加算額)(共済年金) *****円	(報酬比例部分) 円 (定額部分) 円 (経済的領域加算額)(共済年金) 円	(報酬比例部分) 円 (定額部分) 円 (経済的領域加算額)(共済年金) 円
私学共済厚生年金期間（私立学校の教職員）	(報酬比例部分) *****円 (定額部分) *****円 (経済的領域加算額)(共済年金) *****円	(報酬比例部分) *****円 (定額部分) *****円 (経済的領域加算額)(共済年金) *****円	(報酬比例部分) 円 (定額部分) 円 (経済的領域加算額)(共済年金) 円	(報酬比例部分) 円 (定額部分) 円 (経済的領域加算額)(共済年金) 円
(1)と(2)の合計	*****円	*****円	372,571円	1,164715円

こちらの年金定期便を受け取っているのは、19年間会社員として務めた後、独立し土木業を営んでいる人の実際のねんきん定期便です。昭和33年3月生まれのため63歳から特別支給の老齢厚生年金が約37万円受け取れます。65歳からは、年に約116万円の年金が受け取れるとわかります。

年下の奥様がいれば、年金が増える！加給年金！

ねんきん定期便に記載されていない年金があります。そのうちの一つが加給年金です。加給年金は老齢厚生年金を受け取っている65歳以上の夫に65歳未満の妻または18歳未満の子供がいる場合に夫に支給されます。加給年金額は年間約39万円です。加給年金は**配偶者**が65歳に到達するまで支給されます。

加給年金の受給条件：
①生計を共にする65歳未満の妻、または18歳未満の子供がいる。
②夫の厚生年金の加入期間が20年以上
③妻の厚生年金の加入期間が20年未満[*1]
④妻の恒常的年収が850万円未満

(*1)：妻の加入期間が20年以上の場合、妻が"特別支給の厚生年金"の受給開始年齢に達するまで、夫は加給年金を受け取れます。

振替加算は期待できない ― 少額かゼロ

奥様が65歳となりご自身の老齢年金をもらえるようになると、夫への加給年金は打ち切られますが、替わりに奥様は振替加算を受け取ることができます。振替加算の受給額は妻の生年月日によって異なり、最高年額約22万4千円（大正15年4月2日〜昭和20年4月1日生まれ）から年齢が若くなるにつれて減額していきます。1966年（昭和41年）4月2日以降に生まれた方には振替加算は支給されません。したがって、現在40〜50代の方々はほとんど期待できません。

振替加算

配偶者の生年月日	振替加算額（年額：円）
昭和28年4月2日〜昭和29年4月1日	62,804
昭和29年4月2日〜昭和30年4月1日	56,748
昭和30年4月2日〜昭和31年4月1日	50,916
昭和31年4月2日〜昭和32年4月1日	44,860
昭和32年4月2日〜昭和33年4月1日	38,804
昭和33年4月2日〜昭和34年4月1日	32,972
昭和34年4月2日〜昭和35年4月1日	26,916
昭和35年4月2日〜昭和36年4月1日	20,860
昭和36年4月2日〜昭和41年4月1日	15,028
昭和41年4月2日以降	―

加給年金や振替加算を受給するには年金事務所への届け出が必要です。加給年金や振替加算に該当すると思われる方は、お近くの年金事務所で対象の有無、受給額を確認しましょう。

ねんきん定期便に載らない年金 ― 厚生年金基金

　ねんきん定期便に記載されない年金がもう一つあります。厚生年金基金からの支給額です。厚生年金基金は企業年金の制度であり、勤務していた企業が厚生年金基金に加入していた場合に年金が支払われます。支給額を確認するには日本年金機構が運営する"ねんきんネット"に登録しなければなりません。ねんきんネットへの登録方法は、日本年金機構のホームページ（https://www.nenkin.go.jp/n_net/）にその手順が記載されています。

繰り下げ受給による年金額の増額はありか!?

　老後資金の計画上一考を要する制度が、老齢基礎年金や老齢厚生年金の受給開始時期の繰り下げです。受給開始時期(本来65歳時)を最長5年間繰り下げることができ、1カ月繰り下げる毎に受給額を0.7％増額できます。例えば、最長5年間受給開始時期を繰り下げる(つまり年金受給開始時期を70歳にする)ことで、年金受給額を42％(=0.7％×60カ月)増額できます。

　繰り下げ期間中は、いつでも繰り下げを停止して、その時点から増額された年金を受給開始することができます。または、繰り下げ期間中もらえるはずだった本来の年金額を一括して受け取り、その後は本来の年金額を生涯受け取ることもできます。つまり、始めから繰り下げがなかったことにするわけです。家庭の状況が変わり、急にまとまった資金が必要になったときに対応できます。

年金の繰り下げ受給は一見大きなメリットですが、いくつか注意点があります。

注意点1　65〜70歳まで無収入になる?

　受給開始時期を繰り下げると、65歳時から繰り下げた受給開始時期までの間年金を受け取れません。したがって、受給開始の繰り下げ期間中、年間の資金収支が極端なマイナスにならないよう他の収入源を確保できていることが重要です。

注意点2　81歳11カ月以上生きれば得できる!

　受給開始時を繰り下げた場合の一生涯に受け取る年金総受給額は、繰り下げない場合のそれと比べてどの位増えるのでしょうか。例えば、本来通り65歳から受給開始する場合と繰り下げて70歳から受給開始する場合を比べてみると、**81歳11カ月目で年金総受給額はほぼ同額になります**。それ以降は、当然繰り下げ受給した場合のほうが有利になります。50歳男性の平均余命82.6歳と50歳女性の平均余命88.3歳(平成29年簡易生命表)を考えると、年金の繰り下げ受給は男性より女性のほうが恩恵を受けやすいといえます。

注意点3　加給年金がもらえない!

　老齢厚生年金の受給開始時期の繰り下げ期間中、加給年金は支給されません。また、繰り下げ受給を選択しても加給年金額に変更はなく、増額されません。

注意点4　手取り額が減る可能性も

　老齢基礎年金と老齢厚生年金の合計額が一定の額(例えば単身者の場合158万円；夫婦の場合196万円)を超えると、所得税、住民税が課税されます。繰り下げ受給をして年金額を増やしても手取り額は課税分だけ少なくなります。

一般論として、65歳から70歳までの期間において充分な生活資金が確保できている世帯で、妻が年金の繰り下げ受給をするならよいと言えます。特に妻が夫より年上の場合、夫が65歳になるまで妻の年金受給開始時期を繰り下げることで夫の収入で生活資金を確保しつつ、妻の年金額を増やすことができます。もし夫が年金繰り下げ受給をする場合には老齢基礎年金だけにして、老齢厚生年金の上乗せとなる加給年金の給付を受けるようにするとよいでしょう。

3　退職後の支出を予測する

　引退後の収入額を把握しておくことと同様に、引退後の支出額を予想しておくことは大変重要です。

　子供が社会人になったら、一段落。生活は楽になるだろうと考えている方は多いです。実際、学費や仕送りから解放されて家計が一気に楽になる家庭もあるでしょう。気を抜きたくなる気持ちもわかりますが、50代は老後生活の資金を貯める最後の時期です。

　では、収入が大きく減少する夫（60歳）の退職後、妻（現在55歳）が90歳になるまでの35年間でどれだけお金がかかるか試算してみましょう！

次の項目が主な支出項目として考えられます。

① 基本生活費：年間で290万～350万円
② 大学（院）教育費：私立文系に進学した場合で1人当たり年間100～130万円
③ 自動車の買い換え：（国産の普通自動車各種オプション付の購入時）250万～300万円
④ 子供の結婚費用の支援：1人当たり100万円
⑤ 自宅のリフォーム：外壁、屋根の葺き替え等で500～700万円
⑥ 介護費用：1人当たり550万円
⑦ 葬儀等：20～200万円

（1）退職後の基本生活費は35年間で1億1千万円

　夫婦二人の老後生活には、最低の日常生活費には月次27万円、ゆとりのある老後生活費には月次34.8万円が必要との意識調査結果があります。一方、平成29年度の総務省の家計調査によると、60代前半世帯の消費支出額は月次29万円、70代前半世帯の消費支出額は月次24.3万円となっています。月額4.7万円の減額は主に、被服費、交通費、教養・娯楽費の減少によるものです。

第1章 50代からの資金計画

仮に60代の消費支出額を年額348万円（月次29万円）、70代以降を年額292万円（月次24.3万円）とし、インフレ率年0.3%を掛け合わせると、基本生活費は35年間でおおよそ1億1千万円になります。

（2）大学教育費は400～800万円

大学就学前または就学中のお子さんをお持ちの方がおられる場合を想定して、大学教育費について説明します。高校学校までの教育費と比べると、大学の教育費は通常の生活費から捻出する出費の域を超えており、通常の生活費とは別枠で用意すべき支出と言えます。

私立大学の教育費は4年間で386万（文科系）～522万円（理工系）かかります。また理工系学生は大学院に進学するのが一般的であり、大学院2年間分追加でかかります。大学卒業前のお子様の人数と就学予定年数を掛け合わせれば総額が計算できます。

大学授業料－初年度と4年間合計額

（単位・万円）

	初年度				4年間合計
	入学料	授業料	施設設備費		
国立	28.2	53.6	—	81.8	242.6
私立 文科系	24.3	74.6	15.8	114.7	385.9
私立 理科系	26.2	104.9	19.0	150.1	521.8
私立 医歯科系	103.8	273.4	83.2	460.7	1,531.4
私立 その他学部	27.0	95.1	23.7	145.9	502.2

（出典：文部科学省 "平成26年度入学者に係る学生納付金平均額の調査結果について" および国立大学等の授業料その他の費用に関する省令）

（3）自動車の買い換え費用は250～300万円

自動車の買い換え費用は、約250～300万円（国産普通乗用車に各種オプションを付けた場合の支出を想定）です。第二章で、自動車を賢く利用して買い換え費用を削減させる提案をします。

（4）子供の結婚費用の支援金は1人当たり100万円

婚約・結納から新婚旅行までに掛かった総費用の全国平均値は、約463万円です。そのうち結婚披露宴費用は約355万円（招待人数70人）です。ご祝儀の平均額は約230万円で、76%の人が平均182万円親から援助を受けています。これらの数値は調査結果による全国平均ですのであくまで参考程度に留めるべきです。言うまでもなく、カップルの置かれた状況により上記の金額は大幅に変動します。ざっくり感ですが、子供の結婚費用の支援金として一人当

たり100万円程度はおさえておきましょう。

（5）持ち家の修繕費用は平均で550万円

　持ち家の修繕費用は、1戸建てかマンション住まいかによって違ってきます。

　一戸建ての場合、修繕費の平均は556万円（平均築35.8年）との調査結果があります。一般に外壁修繕（主に塗装）や屋根修繕は各々100万〜200万で、水回り（給湯器、トイレ、お風呂、キッチン、洗面台）は300〜400万円程度かかります。実行するかどうか、どこまでするのかはあなた次第ですが、実行するとなると家の規模や形、修繕の内容によって総費用は500万〜700万円程度を見込むべきでしょう。

　マンションの大規模修繕は管理組合が修繕積立金で賄うべきですが、修繕積立金で賄え切れない大規模修繕が発生した場合の一時供出金はだいたい120万円未満に収まっているとの統計があります。ただし、管理組合による修繕範囲は共用部分である外壁と屋根に当たる部分などであり、居住空間である専有部分内に設置された水回り備品（給湯器、トイレ、お風呂、キッチン、洗面台）の修繕費用は別途見積もっておかなければなりません。

（6）介護費用は平均550万円

　介護を要する期間は平均59ヶ月、介護期間中にかかった総費用は約550万円との調査結果があります。（詳しくは第5章をお読みください）もちろん、自宅介護か施設介護かにより出費額は大きく異なります。寿命が延びていく現代において要介護期間は必ず訪れると考えて、経済的準備をしておくべきです。大まかな目安として一人当たり550万円の介護費用を念頭に置きましょう。

（7）葬儀等費用は20〜200万円まで

　日本消費者協会による平成29年アンケート調査によると、葬儀等費用の全国平均額は約200万円でした。その内訳は、葬儀費用約121万円、飲食接待費31万円、寺院費用約47万円です。しかし、これはあくまで従来の葬儀形式を踏襲した場合にかかった費用です。家族葬など簡素化した葬儀形式が近年広まってきており、葬儀等費用にいくら必要とは一概に言えません。特に年老いた方の葬儀は、資産の多寡に関係なく、家族葬が一般化しつつあります。直葬の費用は20〜30万円、家族葬は80万〜120万円との統計もあります。どのような葬儀形式にするのかを決めたうえで葬儀等費用を予算化することになります。

4 老後生活期間の収支を予測する

　日頃家計簿をつけている方もいるかと思います。家計簿はつけていなくても、「毎月いくら貯金できている」、もしくは「いくら貯金を切り崩しているか」はおおよそ把握していることでしょう。しかし、それだけでは不充分です。なぜなら、将来の大きな特別出費や退職後の収入減、退職金や公的年金がいくらもらえるか等が計算に入っていないからです。業種や会社によって違いますが、ある年齢を過ぎると役職定年などにより給料が減る可能性があります。また再雇用制度を利用して定年退職後も一定期間働き続けるつもりであっても、給与は減ってしまいます。

　したがって老後資金が充分かどうか見極めるには、老後生活の全期間における収支を捉えなければなりません。老後生活全期間の収支が黒字であれば老後の資金は一応安心といえます。赤字であるなら、収入、支出の面で改善・是正策を検討し即刻実行に移して、現役中に貯蓄額の増加を図らなければなりません。

 佐藤家（仮名）のキャッシュフロー表を覗き見する

では、佐藤さん宅（仮名）の例を基に今後35年間の総収支をまとめてみましょう。

　　佐藤家の家族構成：夫59歳（60歳で退職の予定）　妻54歳（専業主婦）
　　　　　　　　　　　長男26歳（独立；独身）　次男23歳（同居；大学院生）

佐藤家 － 妻55歳（夫60歳）から90歳までの35年間の収支　　（単位・万円）

支出項目	金額 年間	金額 35年間	想定
基本生活費		11,220	当初年額348万、70歳時318万（40万減）、夫介護時10％減、夫死亡後10％減：全期間インフレ率年0.3％
大学教育費	130	260	大学院生（理系）の在学2年間
自家用車買い換え	300	300	300万×1回
子供結婚費用	—	200	100万×2人
持ち家修繕費	—	600	総額600万円
医療費	—	2,115	当初5年毎：毎年30万、53万、60万；75歳以降年70万円
介護費	—	1,100	550万×2人
支出合計		15,795	

収入項目	金額		想定
	年間	35年間	
夫：老齢基礎年金	78	1,950	加入期間40年；受給期間25年間（夫65歳から～90歳まで）
夫：老齢厚生年金	216	5,616	加入期間40年；受給期間26年間（夫64歳から～90歳まで）
夫：加給年金	39	195	夫65歳から受給開始；5年間（妻65歳まで）
夫：企業年金	120	1,200	夫60歳から10年間
妻：老齢基礎年金	78	1,950	加入期間40年；受給期間25年間（妻65歳から～90歳まで）
妻：遺族厚生年金	162	810	妻85歳（夫90歳）から90歳まで（5年間）
妻：振替加算	1.5	38	妻65歳から90歳まで（25年間）
その他の収入			
（税金・保険料）	―	－1,560	所得税、住民税、公的保険料
貯蓄		3,000	夫60歳時の残高
収入合計		13,199	

　結果は2,596万円の赤字です。つまり妻が90歳に到達する前に貯蓄を使い果たしてしまい、その後は年間収支の赤字を補填できなくなってしまいます。企業で言えば資金繰りがつかず倒産の状態です。実はこのような計算結果は珍しいことではなく、多くの方に当てはまります。

　佐藤家の場合、このまま何も対策を講じなければ、経済的に老後生活が成り立たなくなります。潤沢な資金があれば安心ですが、事前に対応策を講じない場合ほとんどの方は70～80代で貯金が尽きてしまいます。

キャッシュフロー表で資金の枯渇時期を確かめる

　私達ファイナンシャル・プランナーはお客様の貯金が"いつ"底をつくかを計算するのにキャッシュフロー表を利用します。キャッシュフロー表とは、現在から今後数十年間の収支を年次毎に予想した表です。では佐藤家のキャッシュフロー表を作ってみましょう。

　キャッシュフロー表の縦軸の上段には、家族一人一人の年齢と主なライフ・イベントを書き入れます。例えば夫の退職、子供の大学卒業・就職・結婚、自動車の買い替え、持ち家の修繕などです。

　縦軸の中段には上記のライフ・イベントを反映した年度毎の収入と主な支出額を書き込み、その下に年間収支額を記入します。最下段には前年度末の貯蓄額に当年度の増減額を合わせた当年度末の貯蓄残高を記入します。

キャシュフロー表（現状）　　　　　　　　　　　　　　（金額・万円）

経過年数	変動率	現在	1	2	3	4	5	6	7	8	9	10	11	12	13	14	15
西暦		2018	2019	2020	2021	2022	2023	2024	2025	2026	2027	2028	2029	2030	2031	2032	2033
家族構成 夫		59	60	61	62	63	64	65	66	67	68	69	70	71	72	73	74
妻		54	55	56	57	58	59	60	61	62	63	64	65	66	67	68	69
長男		26	27	28	29	30	31	32									
次男		23	24	25	26	27	28	29	30	31	32						
イベント			夫退職	次男院卒				長男結婚	新車購入		次男結婚	修繕①					
収支項目																	
収入 給与																	
公的年金：夫							216	333	333	333	333	333	294	294	294	294	294
公的年金：妻													79.5	79.5	79.5	79.5	79.5
企業年金：夫			120	120	120	120	120	120	120	120	120	120					
退職金																	
その他																	
（税金・保険料）			-19	-19	-19	-19	-19	-71	-71	-71	-73	-73	-45	-45	-45	-45	-45
手取り額合計			101	101	101	101	317	382	382	382	380	380	329	329	329	329	329
支出 基本生活費	0.30%		348	348	348	348	348	353	353	353	353	353	318	318	318	318	318
教育費			130	130													
医療費			30	30	30	30	30	53	53	53	53	53	60	60	60	60	60
介護費																	
自動車買い換え									300								
子供結婚支援								100			100						
持ち家修繕費												200					
支出合計			508	508	378	378	378	506	706	406	506	606	378	378	378	378	378
年間収支			-407	-407	-277	-277	-61	-124	-324	-24	-126	-226	-49.5	-49.5	-49.5	-49.5	-49.5
貯蓄残高		3,000	2,593	2,186	1,909	1,632	1,571	1,447	1,123	1,099	973	747	698	648	599	549	500

16	17	18	19	20	21	22	23	24	25	26	27	28	29	30	31	32	33	34	35
2034	2035	2036	2037	2038	2039	2040	2041	2042	2043	2044	2045	2046	2047	2048	2049	2050	2051	2052	2053
75	76	77	78	79	80	81	82	83	84	85	86	87	87	88	89	90			
70	71	72	73	74	75	76	77	78	79	80	81	82	83	84	85	86	87	88	89
				修繕②					修繕③	夫介護	夫介護	夫介護	夫介護	夫介護	夫死亡・妻介護	妻介護	妻介護	妻介護	妻介護
294	294	294	294	294	294	294	294	294	294	294	294	294	294	294					
79.5	79.5	79.5	79.5	79.5	79.5	79.5	79.5	79.5	79.5	79.5	79.5	79.5	79.5	79.5	241.5	241.5	241.5	241.5	241.5
-48	-48	-48	-48	-48	-49	-49	-49	-49	-49	-49	-49	-49	-49	-49	-30	-30	-30	-30	-30
326	326	326	326	326	325	325	325	325	325	325	325	325	325	325	212	212	212	212	212
323	323	323	323	323	328	328	328	328	328	300	300	300	300	300	274	274	274	274	274
70	70	70	70	70	70	70	70	70	70	70	70	70	70	70	70	70	70	70	70
										110	110	110	110	110	110	110	110	110	110
				200					200										
393	393	593	393	393	398	398	398	398	598	480	480	480	480	480	454	454	454	454	454
-67.5	-67.5	-267.5	-67.5	-67.5	-73.5	-73.5	-73.5	-73.5	-273.5	-155.5	-155.5	-155.5	-155.5	-155.5	-242.5	-242.5	-242.5	-242.5	-242.5
432	365	97	30	-38	-112	-185	-259	-332	-606	-761	-917	-1,072	-1,228	-1,383	-1,626	-1,868	-2,111	-2,353	-2,596

想定：①生活費；当初月額29万円（60〜64歳時の月間支出額；総務省統計局家計調査
　　　　報告）；夫（70歳時）に年額40万円減；夫の介護開始後10%減；夫死
　　　　亡後10%減とする。
　　　②インフレ率年0.3%を5年毎に基本生活費に反映する。
結果：夫79歳（妻74歳）の時点で貯蓄がゼロになる。

　既にお分かりのことと思いますが、前述した"35年間の収支表"上の各項目の額
を単年度ベースに振り分けた額がキャッシュフロー表に現れています。

　キャッシュフロー表の利点は、老後資金の貯蓄額の推移が単年度ベースで分か
ることです。これで老後資金がいつの時点で枯渇するのか容易に分かります。
佐藤家の場合、このままでは夫79歳（妻74歳）のときに貯蓄が枯渇することが
分かります。

佐藤家の家計を改善する

　具体的な家計費の収支改善策は第2章で、金融資産の運用は第3章で詳しく説明しますが、それらの内容をふまえて、佐藤家の家計を改善してみましょう。想定する改善策は以下の通りです。

　　　①夫：60歳から65歳まで5年間働く（年収300万円）
　　　②自動車買い換え：軽自動車に買い替える（価格150万円）
　　　③持ち家修繕費は合計500万円に抑える
　　　④金融資産を運用する（期待利回り年2％）

そうすると、収支改善後のキャッシュフロー表は以下のようになります。

キャッシュフロー表（改善後）

（金額・万円）

経過年数		変動率	現在	1	2	3	4	5	6	7	8	9	10	11	12	13	14	15
西暦			2018	2019	2020	2021	2022	2023	2024	2025	2026	2027	2028	2029	2030	2031	2032	2033
家族構成	夫		59	60	61	62	63	64	65	66	67	68	69	70	71	72	73	74
	妻		54	55	56	57	58	59	60	61	62	63	64	65	66	67	68	69
	長男		26	27	28	29	30	31	32									
	次男		23	24	25	26	27	28	29	30	31	32						
イベント			夫退職		次男院卒				長男結婚	新車購入		次男結婚	修繕①					
収支項目																		
収入	給与			300	300	300	300	300										
	公的年金：夫								216	333	333	333	333	333	294	294	294	294	294
	公的年金：妻														79.5	79.5	79.5	79.5	79.5
	企業年金：夫			120	120	120	120	120	120	120	120	120	120					
	退職金																	
	その他																	
	（税金・保険料）			-48	-48	-48	-48	-48	-71	-71	-71	-73	-73	-45	-45	-45	-45	-45
	収入合計			372	372	372	372	588	382	382	382	380	380	329	329	329	329	329
支出	基本生活費	0.30%		348	348	348	348	348	353	353	353	353	353	318	318	318	318	318
	教育費			120	120													
	医療費			30	30	30	30	30	53	53	53	53	53	60	60	60	60	60
	介護費																	
	自動車買い換え									150								
	子供結婚支援									100			100					
	持ち家修繕費												150					
	支出合計			498	498	378	378	378	506	556	406	506	556	378	378	378	378	378
年間収支				-126	-126	-6	-6	210	-124	-174	-24	-126	-176	-50	-50	-50	-50	-50
金融資産運用益		2%		60	58	57	58	59	65	64	61	62	61	59	59	59	59	59
貯蓄残高			3,000	2,934	2,866	2,917	2,969	3,238	3,179	3,069	3,106	3,042	2,927	2,937	2,946	2,956	2,965	2,975

第1章 50代からの資金計画

16	17	18	19	20	21	22	23	24	25	26	27	28	29	30	31	32	33	34	35
2034	2035	2036	2037	2038	2039	2040	2041	2042	2043	2044	2045	2046	2047	2048	2049	2050	2051	2052	2053
75	76	77	78	79	80	81	82	83	84	85	86	87	87	88	89	90			
70	71	72	73	74	75	76	77	78	79	80	81	82	83	84	85	86	87	88	89
		修繕②							修繕③	夫介護	夫介護	夫介護	夫介護	夫介護	夫死亡・妻介護	妻介護	妻介護	妻介護	妻介護
294	294	294	294	294	294	294	294	294	294	294	294	294	294	294					
79.5	79.5	79.5	79.5	79.5	79.5	79.5	79.5	79.5	79.5	79.5	79.5	79.5	79.5	79.5	241.5	241.5	241.5	241.5	241.5
-48	-48	-48	-48	-48	-49	-49	-49	-49	-49	-49	-49	-49	-49	-49	-30	-30	-30	-30	-30
326	326	326	326	326	325	325	325	325	325	325	325	325	325	325	212	212	212	212	212
323	323	323	323	323	328	328	328	328	328	300	300	300	300	300	274	274	274	274	274
70	70	70	70	70	70	70	70	70	70	70	70	70	70	70	70	70	70	70	70
										110	110	110	110	110	110	110	110	110	110
		150							200										
393	393	543	393	393	398	398	398	398	598	480	480	480	480	480	454	454	454	454	454
-68	-68	-218	-68	-68	-74	-74	-74	-74	-274	-156	-156	-156	-156	-156	-243	-243	-243	-243	-243
60	59	59	56	56	56	55	55	55	54	50	48	46	43	41	39	35	31	26	22
2,967	2,959	2,800	2,789	2,777	2,760	2,741	2,723	2,704	2,485	2,379	2,272	2,162	2,050	1,935	1,732	1,524	1,313	1,096	876

改善策： ① 夫：60歳から65歳まで5年間働く（年収300万円）
② 自動車買い換え：軽自動車に買い替える（価格150万円）
③ 持ち家修繕費は合計500万円に抑える
④ 金融資産を運用する（期待利回り年2％）
結果： 妻90歳時まで貯蓄残高あり。

　結果は、貯蓄は枯渇せずに残高は妻90歳になるまで残ります。

　改善前と後のキャッシュフロー表を比較すると、
　　① 60歳以降継続的に就労して年金受給開始時まで貯蓄残高を減らさないこと
　　② 金融資産を運用すること
　　③ 特別支出（持ち家の修繕費、自動車の買い換え費用）の減額
　　④ 介護費用の見積額の多寡

　　　が資金繰りに大きな影響を与えることもわかりました。

　働かずに60歳から65歳までの期間を過ごした場合、5年間で1,740万円（月額29万円×12カ月×5年）の貯蓄が減ります。厚生労働省の統計によると、定年退職した大学卒の事務系・技術系サラリーマンの定年退職金は、平均約2,695万円（平成29年）です。つまり、定年退職金の大半を年金受給開始年の65歳までに基本生活費に使ってしまう計算になります。60歳から65歳までの5年間就労して老後生活費分の収入を得られれば、退職金を手つかずで温存することができ、その後の老後生活の資金繰りに多大のゆとりをもたらします。

　キャッシュフロー表は専門家が好んで使う手法ですが、万能ではありません。あくまで将来の収入額・支出額やイベントなど不確定要素を予測して作成するものであり、プロのファイナンシャル・プランナーであっても今後数十年間を正確に予測できません。とはいえ、その結果が示す貯蓄残高の推移は資金繰り計画の再検討を示唆する有力な指標になります。経済的に安定した老後生活を目指すうえでキャッシュフロー表の作成は避けて通れません。

5 我が家のキャッシュフロー表を作成する

ご自分の場合はどうなのか、ご自分の状況に合わせた数値を当てはめてキャッシュフロー表を作成してみてください。まずは、老後の主な収入源となる公的年金受給額の算出です。

公的年金受給額を算出する（50歳以上の場合）

公的年金受給額の算出は、毎年誕生月に日本年金機構から郵送されてくるねんきん定期便に記載された数値が基礎になります。ねんきん定期便の記載内容は50歳以上と50歳未満の加入者で異なるため、計算方法もかわります。

では50歳以上の方の場合の公的年金受給額の算出方法を示します。

公的年金受給額の算出方法（50歳以上）

種類		(a) ねんきん定期便記載額(*1)	(b) 調整額(*2)	(a)+(b) 合計	受給期間
夫	老齢基礎年金				夫65歳～
	老齢厚生年金				夫65歳～
	特別支給の老齢厚生年金(*6)				～夫64歳
	加給年金(*3)			389,800	夫65～妻64
	厚生年金基金(*5)				夫65歳～
	合計				
妻	老齢基礎年金				妻65歳～
	老齢厚生年金				妻65歳～
	特別支給の老齢厚生年金(*6)				～妻64歳
	振替加算(*4)				妻65歳～
	厚生年金基金(*5)				妻65歳～
	合計				

(*1)：ねんきん定期便に記載された、年金受給額を転記する。（現状の給与に変更なく60歳まで働くとの想定に基づき算出した金額）

(*2) 調整額の算出：

老齢基礎年金：（退職予定年齢（最長65歳まで）−60歳）×19,500円

　　　　　　　　（但し年金受給合計額は779,300円を超えない）

　　　　　　　（例）65歳まで働くと想定した場合

　　　　　　　　　　（65−60）×19,500＝△97,500円

老齢厚生年金：① 60歳までの間に年収の変更を想定する場合：

　　　　　　　　（60歳−年収が変更する年齢）×**変更額**×0.005481

　　　　　　　（例）55歳から年収150万円下がると想定した場合

　　　　　　　　　　（60−55）×150万×0.005481＝▲41,107円

　　　　　　　② 60歳以降も就労を予定する場合：

　　　　　　　　（退職年齢−60歳）×**年収**×0.005481

　　　　　　　（例）60歳から65歳まで年収300万円で就労する場合

　　　　　　　　　　（65−60）×300万×0.005481＝△82,215円

　　　　　　　（注：退職年齢は最長70歳、年収は894万円（月収62万＋賞与150万）
　　　　　　　　を上限とする。）

(*3) 加給年金：年額389,800円

(*4) 振替加算：年金額は生年月日によって異なる：（抜粋）　　　　　　　　　（単位・円）

生年月日	年金額
昭和28年4月2日〜昭和29年4月1日	62,804
昭和29年4月2日〜昭和30年4月2日	56,748
昭和30年4月2日〜昭和31年4月1日	50,916
昭和31年4月2日〜昭和32年4月1日	44,860
昭和32年4月2日〜昭和33年4月1日	38,804
昭和33年4月2日〜昭和34年4月1日	32,972
昭和34年4月2日〜昭和35年4月1日	26,916
昭和35年4月2日〜昭和36年4月1日	20,860
昭和36年4月2日〜昭和41年4月1日	15,028
昭和41年4月2日以降	0

(*5) 厚生年金基金："ねんきんネット" にアクセスして、"年金見込み額試算" 機能で確認・転記する。
（ねんきんネットへの加入方法はねんきん定期便に記載）

(*6) 特別支給の老齢厚生年金：（昭和36年4月1日以前生まれの男性および昭和41年4月1日以前
生まれの女性が対象）ねんきん定期便記載の数値を転記する。

一見すると複雑な計算に見えますが、一つ一つ手順にしたがい計算していけば難しくありません。老後生活において年金は主要な収入源となりますので、年金額をしっかり把握しておくことは重要です。

 公的年金受給額を算出する（50歳未満の場合）

現在50歳未満の方が受け取る公的年金額の算出方法を示します。老齢基礎年金と老齢厚生年金の"調整額"の算出方法が、50歳以上の場合のそれと異なることに留意し、あくまで概算であると認識してください。

公的年金受給額の算出方法（50歳未満）

	種類	(a) ねんきん定期便記載額 (*1)	(b) 調整額 (*2)	(a)+(b) 合計	受給期間
夫	老齢基礎年金				夫65歳〜
	老齢厚生年金				夫65歳〜
	加給年金（*3）			389,800	夫65〜妻64
	厚生年金基金（*5）			0	夫65歳〜
	合計				
妻	老齢基礎年金				妻65歳〜
	老齢厚生年金				妻65歳〜
	振替加算（*4）				妻65歳〜
	厚生年金基金（*5）			0	妻65歳〜
	合計				

(*1)：ねんきん定期便に記された、65歳から受け取る年金額を転記する。(過去の納付実績に基づき算出した金額；今後納付する保険料は考慮されていない)

(*2)調整額の算出：
　　老齢基礎年金：(退職予定年齢（最長65歳まで）−現在の年齢)×19,500円
　　　　　　　　（ただし年金受給合計額は779,300円を超えない）
　　　　　（例）現在45歳で、65歳まで働くと想定する場合：
　　　　　　　　（65−44)×19,500＝△409,500円

老齢厚生年金：　　① 現在の年収が継続する年数を想定する

現在の年収の継続年数×現在の年収×0.005481

（例）現在45歳、59歳まで現年収500万円が継続する

15年×500万円×0.005481＝△411,075円

② 将来変更される年収とその継続年数を想定する

変更後の年収の継続年数 ×変更後年収×0.005481

（例）60歳から64歳まで年収300万円で働く

5年×300万×0.005481＝△82,215円

（注：退職年齢は最長70歳、年収は894万円（月収62万＋賞
与150万）を上限とする）

(*3) 加給年金：年額389,800円。

(*4) 振替加算：年金額は生年月日によって異なる：（抜粋）

生年月日	年金額
昭和28年4月2日～昭和29年4月1日	62,804
昭和29年4月2日～昭和30年4月2日	56,748
昭和30年4月2日～昭和31年4月1日	50,916
昭和31年4月2日～昭和32年4月1日	44,860
昭和32年4月2日～昭和33年4月1日	38,804
昭和33年4月2日～昭和34年4月1日	32,972
昭和34年4月2日～昭和35年4月1日	26,916
昭和35年4月2日～昭和36年4月1日	20,860
昭和36年4月2日～昭和41年4月1日	15,028
昭和41年4月2日以降	0

(*5) 厚生年金基金：老齢厚生年金額に含まれていると考え、ゼロとする。

第1章 50代からの資金計画

 収入・支出想定額をキャッシュ・フロー表に落とし込む

　公的年金額を算出したら、その他の収入額や支出額を予測してください。年金収入のみの夫婦の場合、社会保険料や税金の合計額は、収入の14〜15％と見積ってください。次に算出した数値をキャッシュフロー表に落とし込んでいきます。初めてのキャッシュフロー表は正確無比である必要はありません。収支改善策に取り組んで、キャッシュフロー表を修正する度に精度を高めていけばよいでしょう。まずは第一歩を踏み出すことです。手間を省きたければ、ファイナンシャル・プランナー等の専門家の助言を仰ぐことも一考です。

　エクセルソフトに慣れ親しんでいる方にとって、キャッシュフロー表の作成は問題なくできると思います。エクセルソフトが苦手なら、お子様に作成してもらうとよいでしょう。キャッシュフロー表の大枠は日本FP協会が公開しているエクセルシートを利用すると便利です。(http：//www.jafp.or.jp/know/fp/sheet/ 日本FP協会 Home → わたしたちのくらしとお金 → 便利ツールで家計をチェック)

 まとめ

　現在は90歳前後までは生きることを想定して資産作りしなければならない時代です。しかし意識して準備をしていかないと多くの方は、70〜80代で貯蓄を使い果たしてしまいます。

経済的に安定した老後生活を送るためには、
　　①現状を把握して（現在の資産額および家計簿の収支を把握する）
　　②将来を想定して（将来の収入額と支出額を想定する）
　　③今後なにをすべきかを理解して（老後生活の維持に必要となる貯蓄額を知る）
　　④収支改善策に取り組んで
　　⑤キャッシュフロー表で老後資金が枯渇しないことを確かめる
という手順を踏むことが必須です。

そして、状況が変わった人生の節目節目で上記の手順を繰り返して、資金計画に支障がないことを確認してください。

なお、年金制度は非常に複雑な仕組みになっています。ご自分の正確な年金受給額を確かめたい方は年金事務所に相談するとよいでしょう。

では、第2章で家計簿を見直して貯蓄を増やす具体策を詳しく検討します。

教育費はこんな方法でも用意できる

　教育費用は削減が難しい支出項目です。50代は老後に向けて貯蓄に励む最後のチャンスです。この時期に大学教育費の支出が重なると、老後のための貯蓄がなかなかはかどらなくなります。このジレンマに陥ったときの打開策が奨学金などの活用です。

当然ながら返済時の負担が少ないものから優先すべきであり、優先順位は次のようになります。
　　① 給付型奨学金
　　② 貸与額奨学金
　　③ 公的教育ローン
　　④ 民間教育ローン

給付型奨学金
　実はたくさんの大学が独自の給付型奨学金制度を設けています。大学受験志願者数ランキングで常に上位にいるある大学は、22種類の独自の奨学金を用意しています。多くの場合、入学試験上位数％以内に入るような優秀な学生やスポーツや文化などの分野で実績のある学生に限られているようです。応募者の要件、支給額等は大学により異なります。事前にリサーチしておき、大学選定の一要素とするとよいでしょう。

　日本学生支援機構にも給付型奨学金制度があります。申込者は、住民税非課税世帯（世帯全員が住民税非課税の世帯）、生活保護受給者世帯または児童養護施設に入居していた者に限られています。

貸与型奨学金
　貸与型奨学金で名の知られているのが日本学生支援機構です。
貸与型奨学金には第一種奨学金と第二種奨学金があります。第一種は無利子の貸し付けであり成績の優れた学生にのみ貸与されます。第二種は第一種よりも緩やかな基準によって選考された学生を対象に有利子（貸与終了月が平成30年4月の場合の利率固定方式では年利0.22％）で貸与されます。

　日本学生支援機構による貸与金の借り主は学生本人であり、将来社会人になると月々の返済義務が生じるので、多額の借り入れには注意を要します。教育費の負担を親がどこまでして、どの位の残額を学生自身が背負うのか家計状況を親子間で共有しておくことが大切です。また同時に、学生本人の大学卒業後の返済計画についても検討しておくべきです。

公的教育ローン
　公的教育ローンとして日本政策金融公庫による教育ローンがあります。固定の低金利（2018年10月現在1.76％）で借りられ、融資限度額は350万円です。最長返済期間は原則15年で、子供の人数に応じた親の年収条件があります。

民間教育ローン
　民間金融機関による教育ローンもあります。金融機関により諸条件が異なりますので比較検討が必要です。一般に変動金利で融資限度額は500万円から3,000万円まで。金融機関や条件によっては日本政策金融公庫の教育ローンより低い金利もありますが、変動金利であることに要注意です。

30

第2章
家計簿の改善

本章を読んでほしい方
- 無理せずに毎月の支出を減らしたい方
- 家計簿の収支が赤字の方
- 現在の貯蓄が充分でないと思う方
- 老後資金の確保に不安がある方

経済的に自立した老後生活を送るには、老後生活中の恒常的な年間収支の赤字を埋めるための充分な貯蓄を引退時に確保しておく事が肝心です。そのためには、50代（現役中）から
　①収入を増やす（引退後は収入を増やせません）
　②支出を減らす（今からできます）
ことを実践して、老後生活に必要となる貯蓄額を確保することです。

1 固定費を見直す ～無理なく経費削減

本章では、以下の家計費改善案を提案します。
　①生命保険料の見直し　　　②火災保険料の見直し
　③通信費の見直し　　　　　④光熱費の見直し
　⑤自動車保険料の見直し　　⑥自家用車保有の見直し
　⑦住宅ローンの見直し　　　⑧65歳まで就労継続する
　⑨リバースモーゲージを活用する
　⑩払っているのを忘れている支出 – 番外編①
　⑪親の医療費・介護費を確定申告する – 番外編②

　①から⑤までは家計費のなかの固定費に注視しています。⑥はややドラスティックな生活習慣の変更を要します。少々の不便さと引き換えに支出を減らします。⑦は金融機関との交渉ごとです。神経は使いますが、大きな労力的負担はありません。⑧はもはや社会的趨勢です。⑨は過去15年の間に広まってきた商品です。究極の家計簿改善案といえるでしょう。

 ## 家計簿の改善は固定費の見直しから

　第1章では多くの方が、将来70～80代で預貯金がゼロになってしまう危険性を指摘しました。ただし、今から家計簿を見直して改善すれば預貯金額を増やすことができます。毎月2万円程度なら、工夫次第で簡単に減らせます。仮に月2万円抑えられれば20年間で480万円の節約効果があります。もし、月5万円支出を削減できれば、20年間で1,200万円貯蓄が増えます。

　それではどうやって毎月の出費を減らせばよいのでしょうか。私は毎月の出費を変動費と固定費に分けて、固定費に注目して節約する方法をおすすめしています。

家計費	
変動費	固定費
食費	生命・医療保険
衣服費	火災保険
交際費	通信費
娯楽費　等	光熱費
	自動車保険
	自動車維持費
	住宅ローン
	大学教育費　等

第2章 家計簿の改善

節約ときくと、つい食費や娯楽費といった変動費に焦点を当ててしまいがちですが、これには我慢が必要です。我慢を強いる節約は長続きしません。一方固定費は、ちょっとした工夫や見直し手続きを行えば長期間にわたり節約効果が期待できます。

2 生命保険料を見直す ～毎月1万円超節約

50代は生命保険の見直し時期

　生命保険協会"生命保険の動向（2016年版）"および生命保険文化センター"生活保険に関する全国実態調査（平成27年度）"によると、日本人世帯の89.2%が生命保険に加入しています。あなたも生命保険に加入しているのではないでしょうか？　しかしながら、保険加入当時から10～20年間見直しをしていない方も多いと思います。子供達は成長し家庭環境も変わり、必要な保障内容も変化しているはずです。50代になったら、生命保険の見直しは必須です。

　保険の見直しは、長い期間でみると多額の支出削減になります。例えば、月間1万円保険料の削減は10年間で120万円の削減になります。相談料を払ってでも、第三者的立場にある保険の専門家に相談する価値は充分あります。

あなたの保険は定期保険付終身保険？

　皆さんの加入している生命保険は定期保険付終身保険ではないでしょうか？昭和60年代に流行した生命保険は、定期保険付終身保険でした。定期保険付終身保険は定期保険と終身保険を組み合わせたもので、2種類の契約が一つの保険にまとまっています。それぞれ分解して理解しましょう。

　定期保険は、一定期間内（10年や20年間または60歳や65歳まで）に死亡や高度障害が発生したときに保険金が支払われる保険です。定期保険は契約期間中のみ効力があり、期間満了になると効力を失います。契約期間中の死亡率は概して低いので、他の種類の保険と比べて、保険料は低く設定されています。保障内容は商品によって異なりますが、例えば現在50歳男性が保険金1,000万円（満期65歳時）の保険に加入した場合、月額保険料は約4,700円になります。

　終身保険とは、保障期間が一生涯続く死亡保険です。被保険者が死亡すると年齢に関係なく必ず死亡保険金が支払われます。したがって保険会社は必ず保険金額を用意しておかなければならず、保険料は高くなります。一般的な保障内

容は、現在50歳男性の場合、毎月約47,500円（70歳払済み）の保険料で死亡時に1,000万円の保険金が受け取れるといった内容です。

保険は定期保障部分と終身保障部分に分けて見直す

　保険の見直しは定期保障部分と終身保障部分に分けて考えます。
定期保障部分には、一般に定期死亡保険の他に諸々の医療特約が付帯されています。

定期死亡保険の見直し：
定期死亡保険は、20〜30代と50代では必要となる保障額が異なります。20〜30代は、結婚や育児を控えており家計の大黒柱であるあなたが死亡してしまうと家族の経済的なダメージは非常に大きいため、多額の保障が必要です。一方50代となれば子供は大学生か社会人になっていることが多いでしょう。自己保有資産も増え、万一の場合でも不足するお金は以前より少ないはずです。会社勤務の場合は死亡退職金、住宅ローンの残高がある場合には団体信用生命保険もあります。これらを考慮して定期保険の保険金額を減らすべきです。

医療特約の見直し：
　加入している生命保険には、いくつかの医療特約が付いていると思います。医療特約のほとんどは定期保障となっており、ある時点（例えば60歳時）で満了し、大幅に増額された保険料をもって更新することになります。個々の医療特約をみてください。生存保障は必要でしょうか？　これは貯蓄を目的としており、預貯金することで目的を達成でき、あえて保険に入る必要はありません。その他の医療保障は本当に必要でしょうか。複数の特約で保障過多になっていませんか？　本書第5章で医療保険の是非についてお読み頂き再考してください。

終身保険の見直し：
　終身保障部分には主契約である終身保険があります。終身保険は、被保険者の死亡時に生じる一時的な経費に備えるための保険です。一時的な経費とは、葬儀費用などです。ご自分の家庭状況を踏まえて、一時的に必要となる支出額を算定して終身保険金額を決めましょう。

　同じ保険金額の場合、終身保険の保険料は定期保険の保険料の10倍近くにもなりますので、保険料総額を抑えるために終身保険金額を数十万円程度と小さく設定している場合が多々あります。数十万円程度なら、別途預貯金をすれば済む金額です。あえて保険に加入して不必要な経費を出費する必要はありません。

保険見直しの事例

あるお客様が30代後半から加入していた定期保険付終身保険の内訳は、終身保険（保険金20万円）、定期保険（保険金2,000万円）に入院日額1万円が付帯されており、月額保険料は約23,000円（年間支払総額約28万円）でした。定期部分（保険金総額2,000万円）は病気や身体障害を保障対象としたいくつかの特約で構成されており、医療保険の意味合いが強くなっていました。50歳の時に見直しをした結果、50代後半の更新時における定期保障部分の保険料が倍近くになることも考慮したうえで、保険を解約することにしました。今回の判断の背景には死亡保障と医療保障を分けてそれぞれシンプルな形の保険にしようとの意図がありました。死亡保障として、中身のシンプルな収入保障保険（年金月額20万円を65歳まで15年間；年金総額最高3,600万円；保険料月額6,200円）に加入して、医療保障は別途考えることにしました。（医療保険の考え方については第5章をお読みください）　医療保障を全て外しているので単純比較はできませんが、月額約17,000円の保険料を削減しました。

3 火災保険料を見直す 〜いらない補償をなくす

火災保険の一般家庭向けの代表的な商品は、住宅火災保険と住宅総合保険です。両保険とも住居に使用されている建物と家財に補償を付ける保険です。住宅総合保険は住宅火災保険より補償範囲が広く、その分保険料が上乗せされています。また、居住用マンション向けには団地保険がありますが、その補償内容は住宅総合保険とほぼ同じです。

ここでは火災保険（住宅総合保険・団地保険を想定）を見直す際の保険料の節約についてお話しします。火災保険と言ってもその補償の範囲は下記のように広くなっています。

火災保険の補償の対象

火災等のリスク	自然災害のリスク	日常生活上のリスク
火災	水災	水濡れ
落雷・破裂・爆発	風災、ひょう災、震災	物体の落下・飛来・衝突
		騒じょう・集団行動等による破壊
		盗難
		突発的な事故

火災保険料節約の6つのポイント：

① 水災害のリスクを補償対象からはずす

　保険会社によっては水災の補償を任意で選択できる場合があります。水災害の少ない地域にお住まいの場合、補償の対象から外すことは一考に値します。水災の補償は保険料に占める割合が大きいためです。

"水災"の補償の対象となるのは、台風、暴風雨、豪雨等による洪水・融雪洪水・高潮・土砂崩れ・落石や床上浸水等により被った建物・家具の損害です。これらの条件に当てはまらないような地域（高台やマンションの高層階）にお住まいの場合には、水災事故を補償対象から外すことを検討しましょう。お住まいの自治体が公表しているハザードマップは参考になります。

② "盗難、盗難による破損・汚損"を補償対象からはずす

　充分なセキュリティーの施されているマンションにお住まいの場合に一考に値します。

③ 免責金額を設定する

　免責金額とは設定した免責金額以下の損害であれば保険金は支払われないという金額です。仮に免責金額を10万円に設定した場合、7万円の損害が出ても保険金は支払われません。また、100万円の損害が出た場合は90万円の保険金が支払われます。

　こういった免責金額を設定することで、保険料を割安にできます。

④ 保険金額の設定を見直す

　火災保険の契約の際、住宅が火災で全焼した場合は同じ規模の住宅を立て直せるよう保険金額（再調達価格という）を設定します。ただし、子供の独立などで現在の建物より小さい建物の再建築でよければ、再調達価格より低い金額（限度あり）で契約して、保険料を下げることが考えられます。

⑤ 長期契約割引を利用する

　長期契約（最長10年）による一括払いで、年払いより保険料を安くできます。保険会社や契約のプランによりますが、10年契約の一括払いでは保険料を最大約18%節約できます。

⑥ 通販型保険を利用する

　同じ補償内容の場合、通販型保険は代理店型保険より数十%以上保険料が安いことがあります。通販型は人的費用の負担が少ないからです。サービスに関しては代理店型保険でも契約後のフォローはほとんどなく、同じ補償内容で更新の連絡が来るくらいです。火災保険の保険請求の手続きは、自動車保険、生命保険、医療保険と比べて発生頻度が少なくかつ比較的単純なので、代理店のサポートを受ける利点があまり見当たりません。通販型・

第2章 家計簿の改善

代理店型を問わずいくつかの保険会社を比較して、同じ補償内容で保険料の安い保険を選びましょう。

4　通信費を見直す　〜増大するスマホ費用に焦点！

　一昔前までは固定費の見直しと言えば生命保険契約が筆頭に上げられましたが、現在は通信費の見直しが重要になっています。通信費の見直しで月間5,000円以上の経費削減を目指しましょう。

 大手キャリアのままにしておくと通信費は毎月1万超円！

　スマートフォンの流通拡大にともない家計に占める通信費の割合が高くなってきています。総務省の平成29年度家計調査によると、一世帯当たりの電話電信料は年間約12万円（月間1万円）です。大手キャリア（ドコモ、au、ソフトバンク）からスマートフォンを購入し、通話・データ通信回線利用料をキャリアに支払っている方には、毎月の支払額が1万円を超えている方が多いのではないでしょうか。工夫次第で費用は大きく減らせます。

工夫1：現行契約プランの妥当性をチェック
　キャリア会社と契約している現行プランの内容が現在の電話および通信の使用状況に合致したものかどうか確認しましょう。電話かけ放題プランを契約しているが、ほとんど家族としか通話しないという人をよく見かけます。家族同士の会話には無料通話アプリ（LINE、Skype、Facebook Messenger、Apple製品同士ではFace timeなど）を使うようにすれば、通話回線ではなく通信回線を利用することになるので電話料金は発生しません。

　データ通信料金については、現在のデータ通信使用量を確認して、それが現行のプラン内容（例えば予め使用限度量を定めて料金を設定している）に合致しているかどうか確かめて、合致していないときはプランを変更しましょう。適切な料金プランになっているかどうかは、キャリア会社のショップで診断してもらえます。

工夫2：スマートフォンをWiFiに接続する
　無料動画サイトなどを利用していると月々のデータ通信量は大きくなってしまいます。ただし、自宅のWiFiルーターにスマートフォンを接続して使用するとスマートフォンのデータ通信量を削減できます。WiFiルーター設置には少額の初期投資は必要ですが、自宅で使用する限りにおいては毎月のデータ通信量を大幅に減らすことができます。

工夫3：有料オプションを解約する

　スマートフォン購入時に、応対した店員のすすめでマンガ読み放題・音楽聞き放題などの有料オプションに加入している場合があります。その後、それらのサービスを使わないのにも関わらず解約し忘れている場合があります。料金明細をよくみて不要な有料オプションに加入していないか確認しましょう。

工夫4：格安SIM"への乗り換える

　大手キャリア会社以外の事業会社いわゆる格安SIM事業会社へ通話およびデータ通信回線を切り替えることで月々5,000円程度支出を削減できたとのアンケート結果があります。

　スマートフォンは、SIMカード（加入者を特定するためのID番号が記憶されたICカード）を装着することでデータ通信が可能になります。そのSIMカードの利用料金を大手キャリアの半額以下にできるサービスを展開している格安SIM業者が増えています。

　ある利用者の場合、大手キャリア時代は月間7,000～8,000円のデータ通信料を支払っていましたが、格安SIM業者に乗り換えることで月々2,000円台まで削減したそうです。

ちょっと脱線：格安SIMのメリットデメリット

データ通信費が半額以下になるかもしれない格安SIM事業会社ですが、契約を変更する前にメリットとデメリットを確認しましょう。

・格安SIMのメリット

データ通信料金が安い。安さのヒミツは大手キャリアと違って、格安SIM事業会社は店舗を構えておらず、人件費などの固定費を抑えることができるからです。

・格安SIMのデメリット

①通話料金が割高になる。

　通話料金は原則30秒毎に20円課金されてしまいます。（しかし、最近は減額した課金制を導入している格安SIM会社もでてきました。またLINEやSkypeなどの無料通話アプリを使えば、通話料はかかりません。）

②キャリアメールアドレスが使えない。

　Gmail、Yahooメール等を使うことになります。

③SIM装着後、初期設定を自分でする必要がある。

④大手キャリアと比べて事業会社のサポートは限られている。

　電話またはインターネット上のチャットでの対応となります。

上記のように、格安SIM事業会社には大手キャリアと契約する場合と比べていくつかのデメリットがあります。これらのデメリットを克服できるようでしたら、格安SIM事業会社への契約変更して、通信費の削減を実現してください。格安SIM事業会社は次々と新規の料金体系を導入しています。最近は大手キャリア会社も

第2章 家計簿の改善

対抗して料金体系を見直して料金を下げてきています。各社の料金体系を比較
検討して、ご自分の使用習慣に合致したものを選びましょう。
また、今は家族全員がスマートフォンを持つ時代です。使用していない固定電話
を解約して、月々千数百円前後の出費を削減することも検討しましょう。

5 光熱費を見直す ～電気・ガス自由化メリットを享受する

　電気料金とガス料金の見直しです。従来は大手企業（例えば首都圏では東
京電力、東京ガス）が独占的に電気やガスを供給しており、料金も固定されてい
ました。現在は、電力の小売自由化に続きガスも小売自由化されており、電気会社、
ガス会社および独立系の企業が利用料金を自由に設定して供給販売しています。

　インターネット上の価格比較サイトでは料金シミュレーションができます。現在の
電気使用量やガス使用量とお住まいの地域を入力すると、どれだけ電気料金やガ
ス料金が削減できるか供給会社毎に提示されます。電気料金は契約種別等によ
りますが、10%近くの電気料金の削減が期待できます。従量電灯Ｃ（15kVA）
の契約で15%以上削減できた事例があります。ガス料金はほんのわずか数％で
すが料金削減が可能です。またマンションの管理組合が一括して受電すると共用
部分も含めて削減が期待できます。

6 自動車保険料を見直す ～通販型・補償範囲を見直す

　加入を義務付けられている自賠責保険だけでは補償し切れないときのために自
動車保有者が任意に加入するのが自動車保険です。自動車保険は各保険会社
とも基本となる補償は共通しています。保険会社の小冊子を読むと複雑そうです
が、その補償の柱は①相手への賠償、②自分および搭乗者への補償、③車両
への補償となっています。

相手への賠償	自身／搭乗者への補償	車の補償
対人賠償責任保険	人身傷害補償保険	車両保険
対物賠償責任保険	搭乗者傷害保険	
	自損事故保険	
	無保険者傷害保険	

自動車保険料節約のポイントを説明します。

工夫①：通販型を利用する

近年、保険料を大幅に削減できる通販型の自動車保険が増えています。通販型の場合、営業マンがいないため自分で情報収集して、本当に必要な保障が網羅されているかどうか自分で判断する必要があります。一方、通販型自動車保険に加入すると、大幅な保険料の削減が実現できます。

工夫②：搭乗者傷害保険を見直す

運転手や搭乗者がケガや死亡した場合に補償するのが人身傷害補償保険です。同様の補償をする搭乗者傷害保険がオプションとしてついている場合があります。二つの保険の違いは、人身傷害補償保険の場合実際の損害額が支払われますが、搭乗者傷害保険の場合は負傷した部位や症状別に定額が支払われます。搭乗者傷害保険のオプションが本当に必要か考え直してもいいでしょう。

工夫③：車両保険を見直す

車両保険の保険料は、他の補償と比べて高額です。そのため古い車両の場合、車両保険を付与しない選択肢も考えられます。また、事故をおこしても10万以下ならば保険料は支払われないといった免責金額を設定することで保険料を大幅に軽減できます。

工夫④：運転者を限定する

保険の対象となる運転者のタイプは、"本人限定"、"本人・配偶者限定"、"限定なし"から家族等の使用状況に応じて選びます。補償する範囲が狭い程保険料は安くなります。以前は運転していたが最近運転しなくなった家族がいる場合は運転者のタイプを限定するとよいでしょう。

また、年齢制限というのがあり、一般に21歳以上、26歳以上、30歳以上、35歳以上と無制限があり、家族の使用状況によって適切なタイプを選びましょう。制限する年齢を高く設定する程保険料は安くなります。

工夫⑤：特約を見直す

主な特約には以下のものがあります。

1. 弁護士費用特約
2. 個人賠償責任特約
3. 対物超過修理費用特約
4. 代車費用特約
5. ファミリーバイク特約
6. 身の回り品特約

家庭の状況に応じて取捨選択すべきですが、一般論として1〜3は外さないほうが

第2章 家計簿の改善

よいでしょう。

工夫⑥：数社から見積もりを取る
　補償内容は同じでも会社によって保険料は異なってきます。複数の損害保険会社から見積もりを取って、保険料を比較検討してください。

7　自家用車保有を再考する　〜所有から利用へ

　子供が成人して独立しているような場合、自動車の使用頻度は昔と比べてだいぶ少なくなっているでしょう。生活費に占める自家用車の維持費は決して小さくありません。家庭によっては自動車を手放す選択肢もありです。

　自動車保有にかかる維持費は下記のとおりです（著者の親戚の場合）。

	年間費
購入費（280万／8年間保有を想定）	35.0万円
自動車税	0.9 万円
車検費用（15.6万／2年間）	7.8 万円
ガソリン代（3,000km／15L×130円）	2.6 万円
定期点検費用等	3.7 万円
合計	50.0万円

注：任意自動車保険料を除く。

上記の例の場合、自家用車を保有していると10年間で約500万円の支出になります。駐車場を別途借りる必要がある場合、維持費はさらに高額になります。ご自分の自動車維持費を一度計算してみてください。

カーシェアリングサービス等を利用する

　子供が小学生の頃は送り迎えや家族旅行で何かと自家用車を使う頻度が多かったでしょうが、子供が成長した現在はそれほど自家用車を使う頻度は減っているのではないでしょうか。それならば、自家用車を売却して必要に応じて自動車を借りるカーシェアリングサービスの利用を検討してみましょう。

　カーシェアリングサービスとは、必要なときに自由に車を借りることができるサービスで、車を「格安」「15分単位」「維持費・ガソリン代・保険料無料」で使えるとして最近人気のサービスです。

41

月額1,000円程度の基本料金（利用料に充当可）を払ってカーシェアリング会社と契約すれば、一時間の使用時間に対して約800円の利用料金で手軽に車が利用できます。毎月平均10時間程度（年間3,000km／時速25km／12カ月）使用した場合の年間費用は約10.8万円です。自動車保有の場合と比べると年間約39.2万円の節約となります（著者の親戚の場合）。カーシェアリングは、車を頻繁に使わない人にとって節約効果は絶大です。

　自家用車の使用頻度が極端に少なければ、自動車を手放して短距離移動はタクシーを、長距離移動はレンタカーを利用する選択肢もあります。もちろん、カーシェアリングサービスも併用して使えます。一昔前自家用車保有は一種のステータスシンボルでしたが、いまは単に移動のための一手段と考えるべきです。

　一度ご自分の自動車保有費用を計算してみてください。そして、ご自分の自家用車使用状況を鑑みて、自動車を手放してカーシェアリング・レンタカー・タクシーの利用を検討してみてください。

8　住宅ローンを見直す ～利息の負担を減らす

　読者の多くが30代の頃住宅ローンを借りたと思います。現在その残債額はだいぶ減ってきているでしょうが、元利金の月次返済額は変わりません。金利がだいぶ下がってきた今は住宅ローンの見直しの時期です。残債額、残存期間の違いにより見直しの考え方が異なってきます。

固定金利を下げる

　2018年8月現在、住宅ローンの金利は歴史的な低金利です。15年前の2003年8月のフラット35の最低金利は3.170%でしたが、現在は1.370%です。住宅ローンは金利が1%違うと支払金利総額は数十万円、長い残存期間では百万円単位で変わってきます。

　例えば、債務残高1,500万円、残存期間15年間の住宅ローンを金利3.170%から1.370%に引き下げたとすると、年間返済額が約15万円少なくなります。15年間で約226万円の支出削減になります。

金利引き下げの効果（3.17% → 1.37% 固）

	旧金利3.17%	新金利1.37%	差額
月額返済額	104,818	92,236	12,582
年間返済額	1,257,816	1,106,832	150,984
利息支払総額	3,867,137	1,602,436	2,264,701

＊残債1,500万円、残存期間15年間。

　住宅ローンの見直しがお済みでない方は、今すぐ見直してみましょう。一般論として、残債1,000万円以上、残存期間10年以上、金利差1%以上あれば、利息総支払額は50万円以上削減できますので、借り換えにかかる費用を考慮しても低い金利の金融機関に乗り換えるべきです。

　上記の要件に当てはまらなくとも、金利負担を少しでも減らしたいと思うなら、現在借りている金融機関に金利の見直しを持ち掛けてみましょう。
高い金利水準で借りている場合は、金利を見直してもらえるかもしれません。その場合、金融機関変更に伴う借り換え諸費用も発生しないので、一番よい選択肢と言えます。

固定から変動金利に変える

　住宅ローンの残存期間が短い場合、固定金利から変動金利に切り替えることも考えてみましょう。例えば、残債務500万円、残存期間5年で変動金利0.5%に変更すると、今後5年間で利息支払総額が約35万円削減されます。

固定金利から変動金利の効果（3.17% 固定→ 0.5% 変動）

	金利3.17%	金利0.5%	差額
月額返済額	90,221	84,396	5,825
年間返済額	1,082,652	1,012,752	69,900
利息支払総額	413,270	63,769	349,501

＊残債500万円、残存期間5年間。
＊変動金利は残存期間中変動しないと仮定。

上記の計算はあくまでローン残存期間中変動金利0.5%は変動しないと仮定した場合です。変動金利の場合、将来金利が上がる可能性は無視できません。

　現時点ではなかなか想像できませんが、金利が徐々に上昇して5年後には現状から2%程度上昇すると仮定した場合、返済額、利息支払総額はどうなるでしょうか。

固定金利から変動金利の効果②（3.17% 固定→0.5%～2.5% 変動）

	金利3.17%	金利0.5% → 2.5%	差額
月額返済額（平均）	90,221	85,703	4,518
年間返済額（平均）	1,082,652	1,028,436	54,216
利息支払総額	413,270	142,177	271,093

＊残債500万円、残存期間5年間。
＊変動金利は毎年0.5%上昇すると仮定。

上記の例の場合、今後5年間で金利が2%上昇したとしても、固定金利から変動金利への変更のメリットは大きいと言えます。

ここでのポイントは、残存期間が短い程金利上昇のリスクが軽減されるということです。また、金利上昇にともない毎月の返済額も増えていくので、不安なら増額分に見合う額を別途貯蓄しておくことです。結果として金利上昇率が想定に達していなければ、貯蓄した額は他の使途に自由に使えます。

 繰り上げ返済をする

住宅ローンの返済期限が65歳以降に設定されている場合があります。年金収入のみのときに住宅ローンの返済は資金繰り上も精神衛生上も好ましくありません。できれば退職時までに繰り上げ返済をするか、退職金の一部をもって完済するのが理想です。元金部分の前倒し支出になりますが、元本返済後の利息負担分の支出を削減できます。完済が難しいのなら一部返済に留めて、引退後の月次返済額を低く抑えることも考えましょう。

9　65歳まで就労を継続する ～60代はまだ若い！

家計簿の改善のために、支出を減らすのではなく収入を増やすことも考えるべきです。第1章でもお話ししましたが、働かずに無給で60歳から65歳までの期間を過ごした場合、老後資金を大きく減らしてしまい、将来老後資金ゼロの状況に陥ってしまいます。60歳から65歳までの5年間就労して老後生活費分の収入を得られれば、退職金に手をつけずに生活でき、老後の資金繰りに大きなゆとりをもたらすことができます。

10 リバースモーゲージを活用する ～究極の不動産活用

　リバースモーゲージとは、現在居住している土地・建物を担保に金融機関からお金を借りて、生存中は利息分のみ返済し、亡くなった後に住宅を売却して元金を返済する仕組みです。住み慣れた自宅に住みながら銀行から資金の貸し付けを受け老後の生活費に充てることできるとあって、近年人気を集めています。

　住宅ローンの残債がある方は、リバースモーゲージの借入金で住宅ローンを一括返済して、利息返済のみで毎月の返済額を大きく減らすことができます。

通常の住宅ローンと異なり、老後の生活費のためにローンを受け、死亡後に住宅を売却することでローンを返済するので、リバース（逆）モーゲージ（住宅ローン）と呼ばれています。

　資産を相続させる家族がいない場合、または自分達の生存中に自ら築き上げた財産を使い切ろうとする考えをお持ちの方には、リバースモーゲージは有効な老後資金の捻出策になります。

　当初は数行の金融機関のみがリバースモーゲージを扱っていましたが、近年は都銀の他数十行の地方銀行も取り扱っています。これら金融機関による不動産評価は、一般に中古木造建物の価値はゼロとして、土地評価額の5割程度を融資限度額に設定する場合が多いようです。貸出金利は変動金利で、ほとんどの銀行で3%台と通常の住宅ローンと比べて高めに設定されています。返済方法は、利息は月次返済、元本は期日一括返済が一般的です。

　住宅金融支援機構が住宅融資保険付リバースモーゲージ（商品名：リ・バース60）の取り扱いを始めました。融資金は住宅の建設・購入、リフォーム、サービス付高齢者向け住宅の入居一時金、住宅ローンの借り換えなど広範囲に使えます。金利は全期間固定です。借入者の死亡後に担保不動産を売却して、売却代金が残債務額に満たないときは、その差額を相続人に補填を求める場合（リコース型）と求めない場合（ノン・リコース型）を選択できます。当然にノン・リコース型の借り入れ条件は厳しくなりますが、他に遺せる財産が少なく将来家族に負担を掛けたくない場合には有効な選択肢となります。当商品による借り入れは取扱金融機関（2018年8月現在37行）が窓口になります。

なお、リバースモーゲージ活用の際の留意点は以下の通りです。
　①一般に変動金利のため、将来金利が上昇して支払利息が増える可能性がある。
　②融資限度額は担保評価額の50～60%程度と低めに設定されている。
　③定期的におこなわれる担保不動産の再評価により融資限度額が引き下げ

られ、借り入れ元本の一部返済を求められる可能性がある。したがって、融資限度額一杯に借り入れしないことが肝心。

④ 対象となる物件に制限がある。例えば、多くの金融機関はマンションをリバースモーゲージの対象外としており、また担保として土地だけを評価している。

　参考までにいくつかの金融機関が提供するリバースモーゲージ商品の概要を次項にまとめました。利用対象者、対象物件所在地、融資対象物件、融資限度額、資金の使途、保証会社の付与などにおいて各金融機関の要件が異なっていますので、比較検討が必要です。

リバースモーゲージ商品提供金融機関（抜粋）

（2018年10月現在）

	住宅金融支援機構	A 銀行	B 信託銀行	C 銀行	D 銀行
利用対象者	・原則満60歳以上（但し、満50歳以上も可）	・55歳以上（配偶者は50歳以上） ・1人または夫婦二人暮らし ・年収120万円以上	・55歳以上 ・1人または夫婦二人暮らし ・遺言信託契約者	・55歳以上 ・1人または夫婦二人暮らし ・安定した収入あり	・60歳以上 ・1人または夫婦二人暮らし ・安定した収入有り ・住宅金融支援機構の住宅融資保険の付与承認を受けられる方
対象物件	・取扱金融機関の営業エリア内	・一戸建て、または、東京首都圏、大阪市、京都市、神戸市内のマンション	・東京首都圏、愛知県、大阪府、京都府、兵庫県、愛知県 ・評価額4千万円以上	・東京首都圏 ・戸建て：土地評価額2千万円以上； マンション：評価額5千万円以上＋他の条件	・営業エリア内
資金の使途	・新築マンション購入 ・新築戸建建設 ・戸建てリフォーム ・借り換え	・自由 ・事業目的・投資目的は不可	・自由 ・事業目的・投資目的は不可	・自由 ・事業目的・投資目的は不可	・自己所有住宅の建設・購入・リフォーム資金（セカンドハウス、店舗・賃貸・二世帯併用住宅は不可）

第2章 家計簿の改善

融資限度額	・住宅の建設・購入（5,000万円以下） ・住宅リフォーム（1,500万円以下） ・借り換え（既存ローン残高）	・500万〜1億円 ・年1回見直し	・担保評価額の50％以内。 ・原則3年毎に見直し	・貸越限度額の50％以内（1千万〜2億円） ・毎年見直し	・建設／購入資金：5千万円以内、リフォーム資金：1.5千万円以内 ・担保評価額の60％以内 ・年間返済率：年収400万未満は30％以下；400万以上は35％以下
融資期間	・終身	・終身または持ち家売却時	・終身または持ち家売却時	・終身または持ち家売却時	・終身
借入金利	・全期間固定金利	・変動金利 ・基準金利＋調整金利0.6％ ・6カ月毎見直し	・変動金利 ・短期プライム＋1.5％	・変動金利 ・短期プライム＋1.5％または2.0％	・変動金利 ・ローン基準金利＋0.5％ ・年2回見直し
返済方法	・利息は毎月返済 ・元本は死亡後一括返済	・利息は毎月返済 ・元本は期日一括返済	利払型：毎月利払い。 その他：利息は四半期毎に元本に組み入れ	・利息は毎月元本に組み入れ	・利息は毎月返済 ・元本は期日一括返済
担保	・第一位の根抵当権を設定 ・設定金額は融資極度額の100％または120％	・第一位の根抵当権を設定 ・設定金額は貸越限度額の120％	・第一位の根抵当権を設定 ・設定金額は貸越限度額の120％以上	・第一位の根抵当権を設定 ・設定金額は貸越限度額の120％	・第一位の抵当権を設定
保証人	・不要	・原則不要	・原則不要	・不要 ・保証会社の保証が付保される（保証料:金利0.2％相当額）	・不要 ・住宅金融支援機構の住宅融資保険が付保される（保険料は銀行負担）

47

その他	・リコース型とノン・リコース型から選択する。 ・住宅融資保険を活用した金融機関によるリバースモーゲージ型住宅ローン ・37取扱金融機関（2018年6月現在）	・預金残高との相殺あり。	借入方法は①利払型、②年1回一定額引出型、③枠内引出自由型から選択する。	契約期間：1年（更新あり）	・給与または年金振込口座指定の場合、金利0.1%の優遇あり。 ・遺言信託契約締結の場合、金利0.2%の優遇あり。

（東京首都圏：東京都、神奈川県、千葉県、埼玉県）

（出典：各金融機関の商品概要説明書から抜粋）

　各地にある社会福祉協議会もリバースモーゲージを不動産担保型生活資金貸付制度の名称でおこなっています。ただし、融資対象者は住民税非課税の低所得者世帯等で、かつ、65歳以上の高齢者に限定されています。

11　払っているのを忘れている支出 −番外編①

　自分が払っていることすら忘れてしまっている支出があるかもしれません。いくつか例に挙げます。

　　①クレジットカードの有料年会費　　②インターネットの音楽配信サービス
　　③スポーツジムの会員年会費　　　　④娯楽雑誌等の年間購読料
　　⑤参加活動していない団体の年会費

　預金通帳やクレジットカードの利用代金明細書を一年分精査することで忘れてしまっている支出があぶり出されてきます。それぞれ利用頻度に見合った支出かどうか、本当に必要なサービスかどうか自問自答したうえで解約したらよいでしょう。状況によって年間で数万円以上の支出削減が可能になるでしょう。

12 親の医療費・介護費を確定申告する －番外編②

医療費・介護費の控除

　別居している親に恒常的に生活費等を援助しており親の医療費や介護費を負担した場合、確定申告で親の医療費・介護費を控除して所得税の還付を受けることができます。要件は親と"生計を一つにしている"ことです。

　国税庁サイトには"生活費、学資金または療養費などを常に送金しているとき"は、生計を一つにしているものとみなすと記載してあります。老親の医療費や介護費は多額になりがちですので、"生計を一つにしている"に該当する場合は活用すべきです。ただし医療や介護に要する費用には医療費・介護費控除の対象にならないものがありますので、詳しくは税理士または税務署で聞くとよいでしょう。

扶養控除

　別居の親（65歳以上）の①収入が老齢年金のみで158万円以下で、かつ、②生計を一つにしている場合、確定申告で親を扶養家族として扶養控除を受けられます。別居している親御さんの収入額を確認してください。

まとめ

　老後資金として充分な蓄えのない人は節約等で工夫しなければなりません。私の経験では、相談者の多くが固定費に無駄があり家計を圧迫していました。本当に適切な出費なのかを点検してみるとよいでしょう。

　充分な老後資金を確保するためには、現役時代から貯蓄に励まなければなりません。毎月の固定費の削減は、我慢を伴う変動費の節約よりも効果的です。「ちりも積もれば山となる」のたとえの通り、一つ一つの削減額は少額でも長期間でみると多額の節約に繋がります。

　そして、生活習慣等の変更を伴う大胆な支出削減策も念頭に置き、いざという時には満を持して実行に移してください。支出削減の種は身の回りにたくさんあります。是非第一歩を踏み出してください。

第3章
金融資産の運用

本章を読んでほしい方
- 老後資金を確保したい方
- 安心して老後資金を運用したい方
- 金融資産の運用方法を知りたい方

老後資金は大事な虎の子です。そのため老後資金は定期預金等に預けて絶対減らさないようにするべきという考え方があります。しかし、将来のインフレや公的年金削減の可能性を考えると、長期にわたる老後生活期間中も資金を運用して生活資金の維持に努めるが大事です。一方、資金の運用にはリスクが伴います。この章では、老後における資金の運用についてお話しします。

1 50代からの資産運用の考え方

 あっという間になくなっていく老後資金

　公益財団法人生命保険文化センターが発表したゆとりある老後生活に必要なお金は毎月およそ34.8万円です。老後に34.8万円の定期収入がある人はほとんどいません。通常今まで貯めてきた貯金を切り崩しながら生活費に充てていきます。

　例えば60歳の退職時に貯蓄額2,400万円（総務省家計調査報告による60代の平均貯蓄額は2,382万円）から毎月10万円ずつ引き出した場合、どのくらいのスピードで老後資金がなくなっていくのか試算しました。

老後資金枯渇時期

想定：老後資金2,400万円；毎月10万円を引き出す。

引退時期	老後資金の運用	資金枯渇時期
60歳	運用しない	80歳
	年利3%で運用する	89歳6ヶ月
65歳	運用しない	85歳
	年利3%で運用する	94歳6ヶ月

　60歳の時点で預貯金が2,400万円の方は、毎月10万円を引き出すと20年後の80歳のときに貯蓄額がゼロになってしまいます。もし貯蓄を年利率3%で運用すると、貯蓄は89歳6カ月まで持ちます。もし、65歳まで働いて、65歳の時点で貯蓄が2,400万円あり、その後年利3%で運用すると毎月10万円引き出しても貯蓄は94歳6カ月まで枯渇しません。老後資金は、何もしないとあっという間になくなってしまいますが、資産運用を上手に行えばその限りではありません。

　なお、上記の計算において、年金受給開始時までの5年間の無収入期間の生活費については、比較検討を単純化するためにここでは無視しています。60歳から老後生活に入った場合には、この無収入の5年間の全経費を老後資金から支出するので資金枯渇時期は上記の計算よりもっと早くなります。

「詳しくない」それでも今すぐ始めたい資産運用

「なんだか面倒くさい」「バブルのときに苦い思い出がある」「詳しくないから逆に資産を減らしてしまいそう」などと考えて、資産運用に消極的な50代の方をよく見かけますが、正しい方法でリスクを抑えた資産運用を今すぐ始めなければなりません。

若手世代 vs 50代以降 －資産運用の考え方の違い

「今すぐ資産運用を始めないと」と思い立った50代の犯しがちなミスは、リスクの高い商品に資産の多くを投入してしまう**リスク管理のミス**です。書店に並ぶ多くの資産運用カテゴリの書籍は、「株式投資で成功する」「FXで成功する」といった比較的リスクの高いとされている商品の売買手法を解説しています。

そういった書籍を手に取り、やみくもに投資をしてしまうと、老後資産を大きく減らしてしまうことになりかねません。50代以降における資産運用の考え方は、若手世代のそれと違って留意点がいくつかあります。

若手時代 vs 50代以降時代 －運用の違い

世代	運用目的	資産の投入・引き出し	減損への耐性	運用上の指針
若手時代	資産の形成	投入	大きい	中・高リスク
50代以降	資産の維持	引き出し	小さい	低リスク

若手世代の資産運用の目的は資産をどんどん増やすことです。給与等から資産形成用資金が投入され続ける一方で運用資産の引き出しは行われません。リーマンショックなどの金融危機などに起因した一時的な資産価値の急落にも致命的な影響を受けず、長期間の中・高リターン／中・高リスクの資産運用が可能です。

一方、50代以降の資産運用の目的は、現存する資産の維持です。退職後は毎月定期的に資産を引き出し続けることになります。株式市場の混乱などにより資産を大きく減らすと老後生活に悪影響を与えますので、資産運用は低リスクでの運用がおすすめです。

緊急用資金・使途予定資金をのぞいた額が、投資に回せる資金

　資産のうちリスクのある投資に回してはいけないお金があります。病気やケガなど予期せぬ事態に備える予備資金として生活費の約6カ月分と、使途の明確なお金（例えば、車の買い替え、海外旅行、近々予定の自宅のリフォーム等）です。
　緊急事態に備える予備資金は、銀行の普通預金などすぐに引き出せるようにしておきましょう。今すぐ使わないけれども、使う予定のある使途の明確な資金は定期預金など一時的にでも元本の減らない商品で運用するとよいでしょう。
　使う予定のあるお金と言われても……という方は、以下の表に書き込んでみましょう。

自家用車を買い替える予定はありますか？　　　　□欄　□□□万円
家族で海外旅行にいく予定はありますか？　　　　□欄　□□□万円
自宅のリフォームを検討していますか？　　　　　□欄　□□□万円
子供に結婚資金の支援を予定していますか？　　　□欄　□□□万円

合計□□□万円

　ある相談者の家庭では、緊急用として200万円、使途予定用として200万、合計400万円の緊急用・使途予定金を定期預金と個人向け国債で運用していました。

　予備資金と使途予定金を除いた額が、資産運用に回せるお金です。

2 インデックスファンドで長期・積立・分散投資

一度買ったら10年間は売らない！おすすめは長期投資

　金融投資において資産の運用手法は多種にわたります。時間軸で言えば買った株や通貨をその日のうちに売ってしまうデイ・トレーディング、売買の間隔が2週間～数カ月のスイングトレード、一度買った商品は原則10年売却しないつもりで運用する長期運用などです。職業投資家ではない皆さまは、デイ・トレーディングやスイングトレードを行うと資産を減らしてしまう危険性があるので、おすすめは長期投資です。

　2008年9月に起きたリーマンショックという未曾有の株価大暴落時でも7年後には株価はリーマンショック前のレベルに戻っていました。もし大暴落の後値下がりに我慢できず株式を売却していたら、株価の戻り高を享受できずにいたでしょう。

購入方法は積み立て方式（ドルコスト平均法）

　購入方法は、毎月決まった額を同じ商品に投資していく積み立て方式がおすすめです。投資の世界ではドルコスト平均法と呼ばれており、有効な購入方法です。
　金融商品は現在の値段が高いのか安いのか分からないので、購入時期を見極めるのが難しいのです。毎月平均的に○万円投資すると決めてしまえば、高い時にも安い時にも同じ額だけ購入していくので、値動きに左右されずに確実に資産運用できます。

　日経平均株価は1989年12月末に記録した史上最高値38,957円から2008年10月28日に6,995円まで下がり、2016年12月末には19,114円を記録しました。この間に単純計算で約51%下落したことになります。しかし、この27年間ドルコスト平均法で毎月一定額を投資していたら資産総額は約36%増加しています（出所：日本経済新聞2017年9月5日夕刊）。

　ドルコスト平均法はすべての状況において万能ではありませんが、株価が上下に変動しながら長期的には上昇していく場合には有効な投資方法です。　そして長期間継続して投資を続けることが重要です。金融商品には必ず値動きがあります。売りと買いのタイミングを考えなくてよい積み立て投資は、精神的ストレスの少ない投資法でもあります。

投資先は投資信託（＝ファンド）がおすすめ

　金融資産運用に対して多くの時間を費やせない一般読者に対して、私は現物商品を投資対象にした投資信託（＝ファンド）による長期運用をおすすめします。その理由は、個別株式の短期投資には多大な時間と労力を必要とし当たり外れが多い。また、デリバティブ商品は複雑すぎて一般向けではない。コモディティ商品や外国為替はその値動きの予測が難しいからです。

　投資信託を利用することで、自分で個別銘柄を調査して、選択して、投資する手間を省くのです。投資信託と言っても多々種類がありますが、そのなかでもインデックスファンドをおすすめします。

インデックスファンドとは？

　インデックスファンドとは、市場の動きに連動して値動きする投資信託です。市場の動きは、日本株式の場合、東証株価指数（通称 TOPIX）や日経平均株価（通称日経225）と言った指数で表現されます。インデックスファンドは、無理に儲けようとはせず、常に市場の平均点を狙う守備型の投資信託です。

　インデックスファンドと対をなすのがアクティブファンドです。アクティブファンドは投資のプロが企業分析等を通じて儲けを増やそうとする投資信託で市場の平均点以上の運用実績を目指しています。

　どちらが結果として良い成績をもたらすかは、もちろん投資の世界に絶対はありませんのでご自身の判断となりますが、投資理論の一つである「ランダム・ウォーク理論」では、多くのアクティブファンドよりもインデックスファンドの方が、長期的な運用実績は上と主張しています。

インデックスファンドの善し悪しは信託報酬料で決まる

　信託報酬とは、投資のプロが皆さんの代わりにおこなう投資信託の運用および維持にかかる費用です。信託報酬料は投資信託の保有期間中ずっと徴収されるので、その多寡はそのファンドの長期の成績に影響を与えます。信託報酬料はファンド毎に異なります。前述のインデックスファンドを例にとりますと、どのインデックスファンドも市場の動きに連動するように運用されています。したがって信託報酬料の違いがインデックスファンドの長期の運用実績に大きく影響してきます。

　信託報酬料の上限が定められたつみたて NISA の導入にともない、新規の投

資信託の信託報酬料は従前よりだいぶ下がってきました。今は信託報酬料が0.2%未満のインデックス型投信が販売されています。一応の目安と考えましょう。

なお投資信託購入の際には販売手数料が掛かります。銀行等から購入する場合には、購入価格の3.24%（税込）を販売手数料として徴求されます。ネット証券会社から購入する投資信託は、ほとんどの場合販売手数料はゼロです。どの銀行・証券会社から投資信託を買うのかによっても損得は変わってきます。一回限りのコストといえど投資開始時から投資金額の3.24%も徴収されるのは大きな痛手です。投資信託にかかる費用（信託報酬料と販売手数料）には敏感になりましょう。

資産の分散化を図る

金融資産の運用で大切なことは資産の分散化を図ることです。それは運用資産を複数の資産クラス（日本株式、日本債券、外国株式、外国債券、国内REIT、外国REIT、新興国債券、新興国株式など）に配分して投資することです。運用資産の分散投資によって投資額全体の値動きを大きく変動させない（＝リスクを抑える）ことです。

具体的な分散投資の方法は二つあります。
　①複数の資産クラスに投資するバランス型インデックファンドを購入する
　②単一資産クラスに投資するインデックファンドを複数購入する

バランス型とは？

バランス型インデックスファンドの「バランス型」とは、どんなバランスを取っているのでしょうか。答えは複数の資産クラスへの投資です。例えば、日本株式・日本債券・国内REIT・外国株式・外国債券・海外REIT等に一定の割合で投資していきます。

資産クラス毎に利回りとリスク（価格変動の振れ度）が異なります。多くの資産クラスをバランスよく保有することで全体の価格変動の振れ度を抑えて、大負けすることを防ぎます。バランス型ファンドの中にも、「日本の株式が多め」「海外の債券が多め」などファンド毎の特徴があることに留意してください。

"バランス型インデックスファンド"に向いた人は？

　バランス型インデックスファンドは、一つのファンドで金融資産の運用を完結するのが目的なので、原則他のファンドの購入を必要としません。したがって資産運用において①手間が掛からない、②管理し易い、ことがメリットと言えます。その一方、一つのファンドで複数の資産クラスを運用することで信託報酬料は若干高くなります。また、言うまでもなく、予めそのファンドが決めた資産配分を変更することはできません。**バランス型インデックスファンドは、資産運用に全く手間を掛けたくない、そのぶん信託報酬料が少々高くてもよい、という人向けのファンドといえます。**

"単一資産クラスに投資するインデックファンド"の複数所有に向いた人は？

　複数の資産クラスに分散投資するには、単一資産クラスに投資するインデックスファンドを複数保有する方法もあります。

　この方法のメリットは、①資産クラスの資産配分を把握できる②資産配分の変更ができる（増減したい資産クラスのインデックスファンドを購入・売却すればよい）③信託報酬料が低いなどです。

　一方、単一資産クラスのインデックスファンドを複数保有することのデメリットは、複数のファンドを所有するためにより管理の手間がかかることです。したがって、ある程度金融投資に興味を持ち、自分の時間を割いてでも信託報酬料の削減を目指し、運用状況をこまめにチェックする人向けの方法と言えます。

　私個人的には、単一資産クラスを投資対象とする投資信託を複数保有する方法が常道でありおすすめです。最大の利点は異なった資産クラスの配分を常に把握でき投資配分を変更できることです。

3 値下がりのリスクを抑える ～損失許容度を決める

 購入前に立ち止まろう！損失許容度の話

　金融商品には値下がりはつきものです。どのような金融商品にどのような方法で投資するにせよ考えておかないといけないのは、損失許容限度額です。

　損失許容限度額とは、平たく言うといくら負けてもパニックを起こさずにいられるかを示す額です。金融商品が値下がりして100万円損しても仕方ないで済むかもしれませんが、1,000万円失ったら老後生活が立ち行かなくなってパニックになってしまう人が多いでしょう。

　老後資金の維持を目的とする皆さんは、リスク管理（損失許容額の限定）が最重要課題です。いくらまでなら一時的に値下がりしても大丈夫かを考慮した上で金融商品への投資額を決めましょう。

 リーマンショックのときはいくら損した？

　損失許容限度額を決めましょうと言われても、いったいいくらに設定すればいいのでしょうか？　例えば、上述したバランス型インデックスファンドは、そもそも大きく損失が膨らむタイプの投資信託ではありません。そのため負けが込んでいると言っても、全額失われるケースは非常に稀です。（大災害や天変地異、戦争などが起こらない限りは評価額がゼロになることはありません）
　では損をするときは、いったいいくら損をするのでしょうか。
2008年のリーマンショック時には、先進国債券50%・先進国株式50%の投資割合の投資信託は、約30%値下がりしました。100万円の投資額が70万円まで目減りした計算です。この程度の金融危機は今後も充分起こりえますので、投資額の30%は目減りする可能性があると考えたうえで、リスク資産への投資をしたほうがよいでしょう。

 損失許容限度額を守りつつ、いくらまで投資できる？

　例えば、投資総額1,000万円に対して、ある投資家の損失許容限度額を130万円とします。前述した投資信託（先進国債券50%＋先進国株式50%）の最大損失率は30%（2008年リーマンショック時の利回り−29.7%）でした。したがってこの投資信託への最大投資限度額は433万円（130万／0.30＝）となります。つまり、この投資信託への投資額を最大433万円に抑えることで、この投資からの

損失を許容限度額内130万円に抑えることができます。まとめると、投資総額1,000万円のうち、433万円を上述の投資信託に投資して、残額567万円は元本保証の商品に投資することで、損失額を最大限130万円以内に抑えることができます。

4　iDeco(イデコ)とNISA(ニーサ)

　イデコやNISAという言葉は既にお聞きになったことがあると思います。両方とも税制優遇があり、個人による私的年金づくりを促す制度です。

iDeco （個人型確定拠出年金）

　iDeco（イデコ）は個人型確定拠出年金の愛称で、毎月掛金を拠出して投資信託、保険商品、定期預金などで運用する積立投資です。毎月の掛金拠出額は、自営業者、公務員、会社員等の別、勤務先が採用している年金の種類により異なり、月額1.2万円、2万円、2.3万円、6.8万円までと上限額が決められています。

　iDecoの税制上のメリットは、①掛金が全額所得控除できる②運用益は非課税である③引出額には公的年金等控除や退職所得控除が適用されることです。ただし、掛金の積み立ては20歳以上から60歳未満までで、引き出しは60歳以降です。加入期間が10年未満の場合、受給開始可能年齢は最長65歳になります。なお、受給は70歳前までにしなければなりません。言い換えれば、iDecoへの掛金拠出は60歳までですが、運用は最大70歳前までできます。

　なお、厚生労働省はiDecoの掛金払込期限を現在の60歳から65歳に延ばすことを検討に入るとの新聞記事がありました（日本経済新聞、2018年8月31日朝刊）。これが実現すると税の優遇期間が長くなり資産運用上のメリットが大きくなります。

NISA （少額投資非課税制度）

　NISA（少額投資非課税制度）は現在2種類あります。2014年から存在する"一般NISA"（少額投資非課税制度）と2018年から始まった"つみたてNISA"です。両方とも20歳以上なら誰でもどちらにも加入できますが、同時に両方には加入できません。毎年どちらかを選択します。NISAの税制上のメリットは、運用益は非課税であることです。積立金の引き出し時期に制限はありません。

第3章 金融資産の運用

一般NISAの年間投資上限額は120万円で、非課税期間は5年間です。2023年12月末まで投資できます。投資対象は個別株式、投資信託、ETFです。

つみたてNISAは2018年に始まりました。年間投資上限額は40万円、非課税期間は20年間で、2037年12月末まで投資できます。金融庁が指定した、長期積立・分散投資に適した一定の投資信託のみが投資対象です。つみたてNISAの対象となる投資信託は信託報酬料が低く設定されています。

iDecoとNISA

	つみたてNISA	NISA	iDeco
対象者	20歳以上	20歳以上	20歳から59歳まで
対象商品	金融庁が承認した投資信託・ETF	株式・投資信託・ETF・REIT	預貯金・保険商品・投資信託
投資上限額	年間40万円	年間120万円	年間14.4万円－81.6万円
投資可能期限	2037年12月末	2023年12月末	60歳まで
非課税期間	20年間	5年間	最長70歳前まで
税制優遇	運用益20年間非課税	運用益5年間非課税	掛金所得控除・運用益非課税・退職所得控除／公的年金等控除
引き出し制限	なし	なし	60歳以降

 各制度の使い分け

iDeco……iDecoは、引き出し期間に制限があるので、当分の間使途のない資金を運用するのに向いています。注意点としては、金融機関により口座管理料が異なり、また提供する商品も違います。信託報酬料の低い商品を提供し、かつ口座管理料の低い金融機関を選びましょう。年間払込額には限度がありますが、69歳まで目一杯運用して税制上の恩恵を享受すべきです。なお、所得のない主婦などは掛金所得控除の恩恵を受けられないことに留意してください。

一般NISAとつみたてNISA……一般NISAとつみたてNISAでは年間投資限度額、累計投資限度額と投資可能期間が異なります。できるだけ多くの資金を

61

NISAで運用したい方は一般NISAを活用して、その後つみたてNISAに変更する方法があります。つみたてNISAの対象商品は長期・積立・分散投資を標榜して選定されていますので、長期運用資金の一部はつみたてNISAで運用を図るべきです。50代の間はiDecoを併用して各種税金の軽減を図ってください。

 まとめ

　今までは金融機関や友人等のすすめにしたがって個別商品を購入していたのではないでしょうか。このやり方ですとどうしても金融資産は一部の資産クラスや産業に偏ってしまいがちます。
　50代からの投資は、異なった資産クラスへの分散化を図って常に金融資産全体を見渡し、かつ、一度に全額投資せず時間差をもって何回かに分けて購入すること（＝積み立て投資）で投資タイミングによる運不運を排除していきましょう。

　今までの説明をまとめると、金融資産の運用は、以下の手順でおこなうことになります。
　　①緊急用のお金は普通預金に貯金する
　　②使途が決まったお金は、定期預金や国債に投資する
　　③損失許容限度額を定めて、リスク資産に投資できる金額を把握する
　　④リスク資産への投資はインデックスファンドでおこない、その投資方法を決める
　　　（a）バランス型インデックスファンドを保有
　　　（b）単一資産クラスのインデックスファンドを複数保有
　　⑤毎月○万円とルールを決めて、定期的にそのファンドを購入していく
　　⑥iDeco制度とNISA制度を活用して税負担の軽減を図る

シェアハウス"かぼちゃの馬車"の教訓とは？

　シェアハウス"かぼちゃの馬車"をめぐる事件を覚えていますか？
女性専用のシェアハウス「かぼちゃの馬車」を運営していたスマートデイズの倒産により700人以上の不動産オーナーが1億円以上の借金を負う羽目になった投資詐欺事件です。

　関係企業の犯罪まがいの行動には怒りが収まらない一方、投資して多額の債務を負ってしまっている方々には同情の念を禁じ得ません。事件の詳細は新聞や雑誌の記事などで既にご存知でしょうから、ここでは省きます。一体何故このような事件に巻き込まれてしまったのか、純粋に投資家の視点から考えてみます。

　投資された方々は、①全く何もする必要がなく、②数十年間にわたり家賃が保証され、③月額数十万円の手取り額の入金を確認するだけ、などの説明を真に受けて契約してしまったようです。きつい言い方ですが、不動産にある程度精通している者からみると、今回のスキームは突っ込みところ満載の絵空事です。まず数十年間にわたる定額の家賃保証などあり得ません！　不動産投資における家賃収入は定額の保証と考えてしまいがちですが、状況によって変動すると考えるべきです。たとえ賃貸借契約書にある期間中一定額の家賃を支払うと明記していても、民法上はこれを反故することが可能です。建物は自然に経年劣化するので、家賃は5年・10年単位で確実に下がっていくと考えるべきです。したがって数十年にわたる定額の家賃保証は常識的にも考えにくいことです。さらに、管理会社が倒産すれば、家賃保証など絵に描いたもちになってしまいます（今回の事件では実際にそうなりました）。時価の1.6倍で土地の購入させ、高い建築価格、建物の立地条件（最寄り駅から徒歩10分以上）や床面積から判断して高い家賃設定など、専門家に相談すればある程度異常さに気がつくはずです。もう一つ大事なことは、1千万前後の年収でも多額の資産のない方にとって1億円超の債務自体が、投資対象が何であれ、非常に大きなリスクであるということです。それほどのリスクを負うには、十二分な事前調査と精査が必須です。業者の話を鵜呑みにせず、事前に不動産に詳しい第三者に相談すべきでした。一言で言えば、提示された手取り額に惑わされて、リスクに対する考えが希薄だったと思います。

　今回のような"業者が事業のすべてを管理運営し、投資家は何もすることなく手取り額が増えていく投資案件"は15〜20年間隔で新たなスキーム名で販売されています。そして毎回、新たなスキームに乗って多額の借金をした投資家は経済的に大きな損失を被っています。不動産関連事業への投資は生半可な知識では絶対に手を染めてはいけない分野です。

　金融資産と不動産は投資対象として全く別物ですが、共通点はあります。
　　　①過大なリスクはとらない（万が一を想定して、それが起きた場合、立ち直れるか？）
　　　②投資対象（スキーム）を理解する（まず自分が理解する。理解できなければやらない。そして自分が理解したと思っても、第三者の意見を聞く！）
今回の事件は他人事とは思えない事件です。投資された方々にとって納得のいく方向に決着することを祈ります。

第4章

万が一に備える

本章を読んでほしい方
・加入している生命保険を見直したい方
・生命保険に対する考え方を整理したい方
・生命保険の保険料を削減したい方
・必要な保障額を知りたい方

多くの方は、商品内容を理解しないまま生命保険に加入されただろうと思います。多分今でも保険に対する理解度は高くないと推測します。しかし生命保険は家族を守るうえで避けられないトピックです。この際、そのもやもやした気持ちを払拭すべく生命保険への理解度を高めて、その知識を人生の後半生に生かしていただきたいと思います。

1　生命保険を理解する

日本人は保険好き！?

　第2章では、日本人世帯の89.2％が生命保険に加入しているとご紹介しました。本章ではその保険について詳しく解説していきます。
　日本人の世帯毎の平均支払保険料は年額38.5万円です（平成27年度生命保険文化センター　生命保険に関する実態調査）。この額は諸外国と比べて高い額です。日本人はそれほど将来の不急のリスクに対して敏感であり、用意周到な性格なのでしょうか。リスクに対する国民意識の違いについてのデータなしでは何とも言えませんが、私には保険会社のち密な販売手法が高い生命保険加入率を生み出す大きな一端を担っているように思えます。

　一昔前の保険会社はGNP手法（義理、人情、プレゼント）をフルに活用し、保険加入率を高めてきました。その結果、保険の内容を理解せずに加入した方も少なくありません。私のところに保険の加入や見直しの相談に来られた方々のほとんどが保険の知識を持ち合わせていないのが現状です。生命保険文化センター"生命保険に関する全国実態調査（平成27年度）"によると、7.6％の方が生命保険について"かなり詳しい"と回答する一方、68.6％の方が"ほとんど知識がない"と回答しています。

保険料総支払額は大きい

　保険に加入する際、ほとんどの人は「保険料が月額3万円程度なら支払える」とか保険加入を月単位の負担額で決断してしまい、合計支払額についてはあまり考えていません。もちろん月次収支への影響は大切ですが、総額でいくらの買い物なのかを理解していないのは問題です。
　人生における三大支出は、住宅費用、教育費用と老後の生活費ですが、保険料はその次に位置する大きな出費です。もし年間保険料38.5万円の保険を20年継続したとすると支払総額は770万円です。それほど大きな出費をあまり深く考えずに決断し、支払い続けている人が多いのです。

生命保険の種類

生命保険は定期保険、終身保険、養老保険、年金保険の四種類に大別されます。

　1）定期保険…定期保険は、有効期間限定の死亡保険です。保障期間を過ぎてから被保険者が死亡した場合には、保険金は出ません。保障期間は一般に保険加入時から60歳までもしくは65歳までと設定されています。

被保険者（通常、一家の大黒柱）が退職するまでの間に万が一が起きた場合、遺族の生活費を保障してくれます。保険会社から見ると、保障期間終了時（60歳または65歳時）に被保険者が生存していると、今まで受け取った保険料はそのまま手元に残ることになります。そしてほとんどの人が60歳または65歳時まで生存しているので、保険金支払い頻度は確率的に少ないため他の種類の保険と比較して保険料は低く設定されています。

2）終身保険…死亡保障が被保険者の一生涯続く保険です。つまり、被保険者が亡くなれば、必ず保険金が支払われます。したがって、終身保険の保険料は定期保険のそれより高額に設定されています。例えば、現在30歳男性が保険金1,000万円の定期保険（保障期間60歳時終了）と終身保険（60歳払い込み型）に加入した場合を比較すると、月額保険料はそれぞれ々1,780円と31,065円です。

3）養老保険…一定期間死亡保障があり、かつ、満期（死亡保障期間満了時）に被保険者が生存している場合、満期保険金が支払われます。定期保険と終身保険と比べて保険料は高く設定されています。

4）年金保険…年金原資を積み立てて、満期に一括または年金形式で年金を受け取る仕組みです。万が一満期前に被保険者が死亡した場合には、それまでの保険料払込総額相当額が支払われます。

既存の保険には色々な特約が付加されているので、一見全く別物に見えますが、どの保険も上記の四種類の保険から派生したもの、または組み合わせたものと考えてください。大木の表面の枝葉の部分を取ってみると、幹の部分はこの四種類のどれかになるはずです。

保険の構成 － 主契約と特約

保険会社と契約を交わすことで保険契約が成立しますが、この保険契約は主契約と特約から構成されています。特約は、主契約による保障に上乗せしてさらに保障を厚くするためのものです。なお、主契約が継続される限り特約部分の追加や解約はできますが、主契約を解約すると契約自体がなくなりますので、特約も一緒に解約となります。

生命保険の特約は実に多岐にわたります。

A. 死亡・高度障害に陥った場合：
　①定期保険特約……一定期間、死亡・高度障害の保障を厚くする
　②収入保障特約……死亡・高度障害の際、年金形式で保険料を受け取る

③災害死亡割増特約・傷害特約……不慮の事故、災害等により死亡した場合、保険金が上乗せされる
　④三大疾病特約……がん、心疾患、脳血管疾患により死亡・高度障害になった場合、保険金が支払われる

B. ケガや発病した場合：
　⑤医療特約（総称）……下記の様々な疾病にかかった場合、入院給付金、手術給付金、一時給付金、または診断給付金等が支払われる
　・がん、特定損傷、女性疾病、成人病（生活習慣病）等
　⑥先進医療特約……先進医療による治療を受けた場合、給付金が支払われる

C. 要介護状態になった場合
　⑦介護特約……要介護状態になった場合、一時金や年金が支払われる

　保険会社により特約の名称が微妙に異なり、特約の保障範囲や受給要件等にも違いがあります。また上記の特約には、一定期間保障されるものと、終身保障されるものがあります。頭が混乱してきましたか。安心してください。あなたの頭は正常です。

　この特約の種類の多さとその内容の細かさが保険の理解と比較を難しくしている原因です。前述のように、特約部分を差し置いて主契約だけをみれば前述の四種類のどれかになります。

定期部分と終身部分を見極める

　保険加入者が往々にして間違うのが、保険契約の定期保障部分と終身保障部分の違いを把握していないことです。前者は一定期間だけ、後者は終身保障がつきます。定期保険特約付終身保険を例に考えてみましょう。

　定期保険特約の内容は、定期保険と同じです。主契約である終身保険に特約として定期保険を上乗せすると、「定期保険特約付終身保険」になります。現在、生命保険をお持ちの読者はほとんどこの形で契約しているはずです。主契約と特約という契約上の位置づけは違いますが、内容としては定期保険と終身保険を組み合わせたものと考えてください。

　定期保険特約付終身保険をお持ちの方は、終身保険主契約と定期保険特約のそれぞれの保険金額を確認してください。なぜなら、それぞれの保険金額を把握していない方が意外と多いからです。

下記の二つの定期保険特約付終身保険を比べてみてください。

	①		②	
定期保険特約	2,000万円	定期保険特約	100万円
終身保険	100万円	終身保険	2,000万円
保険金総額	2,100万円	保険金総額	2,100万円

二つの保険は、共に保険金総額2,500万円の定期保険特約付終身保険です。しかし内容はだいぶ異なります。

①と②の両方の保険契約とも定期保険特約が有効な期間中は死亡保険金2,100万円が支払われますが、特約部分（定期保険）が終了後は、終身保険から①の場合100万円、②の場合2,000万円の死亡保険金が支払われます。給付の面からいうと②の保険の方が給付額は厚いと言えますが、その分保険料は高くなっています。決して①と②のどちらがベターかという優劣の問題ではありません。（もちろん、実際には②の内容の契約している方はいないでしょう）ご自分の保険契約書をご覧になり、終身部分と定期部分の保険金額を確かめてみてください。

特約を見直す

通常、生命保険の主契約は終身生命保険で、特約は定期保険特約と医療特約等で構成されています。生命保険の名のもとに、実は生命保険と医療保険が混在しているのが現実です。

あなたが加入している生命保険にも多数の医療特約が付加されているはずです。これらの特約のほとんどは10年毎の定期保障になっており、保険加入後10年目、20年目毎に大幅な保険料増額をもって更新することになっているはずです。第5章を読んだ後、これらの特約が本当に必要かどうかもう一度考えてみてください。

生命保険と医療保険の根本的違い！

ここで一歩立ち止まり、生命保険と医療保険（医療特約も含む）の根本的な違いについて考えましょう。

生命保険は人の死という究極の不測の事態に備えるものであり、十分な貯蓄のある裕福層でない限り、万人が加入すべき保険でしょう。一方医療保険は医療事故の軽微によっては保険に入らず、貯蓄で賄う方が効率的な場合があります。保険の目的は、不測の事態に際してその膨大な損害額の補填です。短期の入院・通院はその頻度や支出額からして不測の事態とは言えません。保険以外の方法（貯蓄等）があることを再認識しましょう。

もう一つの違いは、生命保険は保険加入前に必要保障額が算定できますが、医療保険ではどんな医療行為が必要になるか予測できず、したがって必要給付額を事前に算定できないことです。各家庭の資産状況等を考慮し、優先順位を付けて必要な医療保険の給付額そして保険料を決めることになります。

　また、勤務先によっては公的健康保険に付加給付を加えているところがあります。付加給付の内容が充実している場合には、民間医療保険に加入する意義自体を問うこともあるでしょう。勤務先の健康保険や福利厚生に関する資料を見返してみましょう。

2　遺族の収入と支出、必要保障額を把握する

　死亡保険の見直しをするとき、"遺族"の今後の収入と支出の見込み額を知らなければなりません。その差額が保険で備える必要保障額になります。

あなたがいなくなった時の家族の収入額を知る

　下記の収入源が考えられます。
　　　・公的年金（遺族年金等）
　　　・企業年金
　　　・死亡退職金
　　　・配偶者の収入
　　　・貯蓄

　この中で一番理解されていない、遺族が受け取る公的遺族年金について学びましょう。以下の3つの公的年金があります。

遺族厚生年金：
・子供の有無に関わらず、配偶者が再婚しない限り、一生涯支給される。
・支給額は亡くなった方の老齢厚生年金額の4分の3

遺族基礎年金：
・18歳未満の子、または18歳未満の子のいる配偶者に子供が18歳になるまで支給される

第4章 万が一に備える

・支給額は779,300円 + 子の加算 （第一子と第二子：各々224,300円；

第三子以降：各々74,800円）

中高齢寡婦加算：

・夫の死亡時40歳以上の妻に、65歳になるまで支給される

・支給額は584,500円

公的年金額を知るための大切なツールは、日本年金機構から誕生月に郵送されてくる "ねんきん定期便" です。ねんきん定期便に記載された数値を基に各種年金の支給額を算出できます。

例えば、会社勤務28年間の夫 （50歳；平均月収30→50万円）、妻 （45歳；60歳までに国民年金40年加入を想定）、長男 （15歳） の家族の場合、遺族の年金支給額は以下のようになります。

遺族への年金支給額 （平成30年度の支給データを基に計算）

年金の種類	年金額 （万）	総額 （万）	受給期間
遺族厚生年金 （*1）	62	2,790	妻一生涯 （～90歳を想定）
遺族基礎年金 （*2）	100	300	妻45～47歳 （子18歳到達年度末まで）
中高齢寡婦加算	58.5	994	妻48歳 （＝子18歳） から64歳まで
老齢基礎年金	78	1,950	妻65歳から一生涯
合計		6,034	

（*1） 夫の老齢厚生年金額 × 3／4

（*2） 779,300円＋子の加算 （第一子と第二子：各224,300円；第三子以降：74,800円）

遺族への公的年金のイメージ

夫死亡

遺族厚生年金：62万		
遺族基礎年金：100万	中高齢寡婦加算：58.5万	老齢基礎年金：78万

妻45　　　　　　　　　　妻48　　　　　　　　　　　妻65　　　　　　　　　　　　　　　　　妻死亡
子15　　　　　　　　　　子18

あなたがいなくなった時の家族の支出額を知ろう

　現在の生活費から万が一の場合にはなくなる直接的な支出（交通費、小遣い、趣味への投資、通信費、購読費等）と減少する間接的な支出（食費、光熱費等の共用費）を除いた数値が、万が一後の世帯の支出額となります。
　お子さんが大学生または大学受験を控えているといった事情も考慮した上で、いくら必要になるかを計算しましょう。

必要保障額を決める

　収入と支出の見込み額の差を計算し、保険で補填しなければならない額を算定します。その際貯蓄額（死亡退職金や弔慰金も含む）も考慮しましょう。

　ここまで読んでいただければ、20代と50代では必要保障額が大きく異なってくることがお分かりになるのではないでしょうか？　年齢を重ねるとともに資産も殖えて、今後の子供の教育費用は少なくなってくるからです。　20代・30代の頃に入った保険をまだ見直していない方は、必要以上に保障額の大きな保険に入り続けている可能性が高いです。今必要な保障額を算定し、保険を見直してください。

定期保険の代わりに収入保障保険

　万が一の場合を想定して被保険者の退職までの保障として定期保険に加入するのが一般的ですが、定期保険の代わりに収入保障保険に加入する方法もあります。収入保障保険とは、万が一の発生後毎月定額（例えば月額10万、20万円など）をある一定期間（例えば20年間、また亡くなった方の60歳・65歳時まで）支払う保険です。
　収入保障保険のメリットは定期保険のそれと比べて保険料が低いことと、一括して受け取る保険金の散財を防ぐ心理的な歯止めになることです。

第4章 万が一に備える

 **まとめ**

50代は、既存の生命保険の見直しの時期です。その手順は以下のとおりです。

（1） 定期保険と終身保険を理解する
・定期保険…毎月の生活費等の不足分を補填が目的
・終身保険…一時的な支出（葬儀費用、お墓費用、その他）を補填が目的

（2） 定期保険の保険金額を見直す
・万が一の場合の将来の収入額と支出額を算出する
・将来の収支不足分を貯蓄と保険金の組み合わせで賄う
・定期保険が必要な場合、収入保障保険への切り替えを検討する

（3） 特約を見直す：
・死亡、高度障害にかかる特約は必要か、重複していないか
・ケガ、病気にかかる特約は必要か、重複していないか
・その他の特約は必要か
・特約は保険料を考慮して見直す

（4） 終身保険の保険金額を見直す：
・万が一のときに一時的に必要となる支出を見直す
・今まで蓄えられてきた貯蓄額を考えて、終身保険の必要な額を見直す

家計改善のために保険金額および保険料の削減を考えましょう。

第5章
身体の衰えに備える

本章を読んでほしい方
・体の衰えを感じている方
・公的医療制度を理解したい方
・民間の医療保険に加入している方
・医療保険・がん保険・介護保険について知りたい方

高齢期に向かって身体の衰えに伴い医療・介護等の費用が発生してきます。
これらの費用を全て保険で賄おうとすると莫大な保険料になってしまいます。本章では医療や介護および体の衰えに関する統計をふんだんに使います。これは皆さんの基礎知識の取得を目的としています。これらの知識を踏まえ、貯蓄との兼ね合いを見据えて、医療・がん・介護保険について考えてみてください。なお、介護保険制度については50代の方々にとっては遠い将来の話と思われるでしょう。ご自分の親御さんの課題と考えてお読みください。

1 身体の衰えに備えるための保険

 心は元気でも身体は……

　50代になったばかりの方は、あまり身体の衰えを意識していないかもしれません。しかし、50代後半から次第に体のあちこちに支障がでてくるのが実情です。
　身体の衰えに備えるにはどうしたら良いでしょうか。適度な運動をして健康を保つのが一番ですが、それでも色々な病気を患うこともあります。発病した際の費用を賄うには、貯蓄と保険の活用が考えられます。貯蓄については既にお話していますので、この章では保険についてお話しします。

身体の衰えに備えるための保険
① 一般的な病気に備える医療保険
② がんに特化したがん保険
③ 介護保険
④ 就業不能保険（離職による収入減を補う）

 保険の重要性と緊急性を考える

　保険の利用価値をその重要性と緊急性の視点から整理してみました。

```
重要性
高い

        ・がん保険              ・死亡保険
        ・介護保険              ・就業不能保険
        ・認知症保険

        ・医療保険


低い                                    緊急性
```

　死亡保険は、後述する就業不能保険と収入源の途絶えに備えるものですから、その重要性・緊急性は大きいと言えます。

がんや介護は60代・70代から現実味を帯びてきます。ただし、50代にとって緊急性は低いと判断しました。つまりがん保険や介護保険に加入する以外に貯蓄で賄う手段があるということです。(がんに罹ってしまったらその治療は緊急性が高いですが、早期発見を目指して定期的に健康診断を受けていれば、がん保険の緊急性は緩和されます)

老後に向けて今後医療費が増えていきますが、後述する公的医療保険制度を利用することで支出額は限定されます。したがって医療保険の重要性・緊急性は他の保険に比較して低いと考えます。

2 医療と医療保険

医療保険は必要か？　徹底議論

現在医療保険は、「本当に必要なサービスなのか」が議論になっているのをご存知でしょうか？　インターネットで医療保険と検索すると、「医療保険は不要」「医療保険はいますぐ解約せよ」などの記事も多く見つけることができます。

読者の皆様も本当に解約して大丈夫なの？　と不安に思っている方も多いと思いますので、本章で詳しく解説します。

まず、医療技術の進歩により入院日数が短くなっていることをご存知でしょうか。がんの手術でも2週間程度で退院することも珍しくありません。心筋梗塞防止のためのステント挿入カテーテル治療は24時間の入院で済む時代です。

そのため入院給付金が入院3日目からしか給付されないといった保険は時代にそぐわないと言えるでしょう。入院限度日数も従来の60〜120日ではなく30〜60日のほうがより時代の要求にマッチしていると言えるでしょう。

最近の医療保険は、入院日数が短くなったので、従来の入院給付金よりも通院給付金や一時給付金に重きをおく時代になりました。昔の医療保険は手術給付金や入院給付金が主体です。時代にそぐわない保障内容なら、見直しが必要です。

医療費は公的医療保険制度で充分賄える?

　医療保険の加入の是非を問う前に、日本の公的医療保険制度について知りましょう。医療保険が必須と言われているアメリカとは違い、日本は高額療養費制度等の公的医療保険制度が充実しています。

高額療養費制度

　健康保険または国民健康保険に加入している方は、医療費は原則3割の負担です。また、収入額により定められている月間の自己負担限度額（高額療養費自己負担限度額といいます）を超えた分には高額療養費が給付されます。さらに高額療養費の給付を受けた月数が直近一年間で3カ月以上あったときは、それ以降月間の自己負担限度額（＝多数回該当高額療養費自己負担限度額と言います）がさらに引き下げられます。

　仮に年収700万円の人が、交通事故にあってしまい手術と入院で1年間700万円かかったとします。日本の場合は、3割負担なのでそもそも支払わなければならない医療費は210万円で、さらに高額療養費制度を利用すれば、当初の3ヶ月間は、月額8万数千円、4ヶ月目からは月額4万4,400円が実質的な負担額になります。

自己負担限度額　（69歳以下）　　　　　　（単位：円）

年収	高額療養費自己負担限度額	多数回該当高額療養費自己負担限度額
約1,160万以上	252,600＋（医療費－842,000）×1％	140,100
約770万以上～1,160万未満	167,400＋（医療費－558,000）×1％	93,000
約370万以上～770万未満	80,100＋（医療費－267,000）×1％	44,400
約156万以上～370万未満	57,600	44,400
住民税非課税世帯Ⅱ	35,400	24,600
住民税非課税世帯Ⅰ		

70歳以上の場合、住民税非課税者の自己負担限度額がさらに低額になっていること以外、69歳以下の場合と同じ自己負担限度額が適用されます。

世帯合算制度

　さらに世帯合算制度というものがあります。これは同じ公的医療保険に加入している同一世帯の複数の人（69歳以下）が同じ月に一医療機関当たり21,000円超の医療費がかかった場合、または一人が複数の医療機関で一医療機関当たり21,000円超の医療費を出費した場合、それらの自己負担額を世帯全体で合算して、合算額が自己負担限度額を超えたときは、その超過額の払い戻しを受けることができます。なお、世帯員が70歳以上の場合は21,000円以下の医療費であってもその方の負担額は世帯合算の対象になります。

医療費は4段階で負担が軽減される

要約すると公的医療保険制度では、
① 医療費の自己負担は原則3割に限定されている
② 個人の所得額に応じて、医療費の1カ月間の個人負担額に上限(高額療養費自己負担限度額)が設けられている。上限を超えた額は還付(支給)される
③ 直近一年以内に3カ月にわたり個人負担額が上限を超えると、上限額は4カ月目からさらに低く(多数回該当高額療養費自己負担限度額)なる
④ 同一の健康保険に加入する世帯員全員の合算医療費負担額に上限が設けられている

今までの説明を視覚化すると下のイラスト図のようになります。

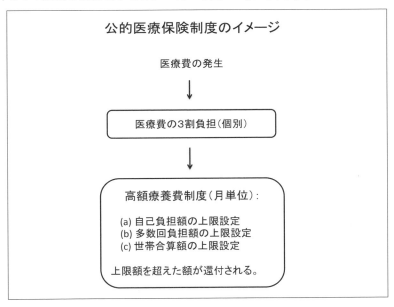

医療費以外の支出を含めた出費

　では、入院時における医療費以外の支出（差額ベッド代、食費、交通費、雑費）を含めた自己負担額はどうでしょうか。平成28年度のアンケート調査（生命保険文化センター）によると、平均入院日数は19.1日、入院時の1日当たりの自己負担額は平均19,835円です。この金額には、治療費（高額療養制度適用後）、食事代、差額ベッド代、交通費、衣類、日用品費が含まれます。単純計算すると、約19日間の入院費用が約37.9万円です。

　なお、68％の方が14日以内に退院しており、59％の方が日額1.5万円未満の支出をしています。日額1.5万円の支出を14日間続けるとすると合計支出額は21万円になります。このくらいの金額ならば保険に入らずとも貯蓄で賄える金額です。なお、この統計はあくまで実際に入院した人が支出した金額です。外来患者の支出額ではありません。

医療保険に加入すべきか？

　医療保険加入の是非を論じるには、まず公的医療保険制度が充実しており、医療費の個人負担額には上限が設定されていることを理解すべきです。また、企業の福利厚生の一環として付加給付が充実している場合には、さらに個人の支出額が抑えられます。一度勤務先の健保組合のホームページ等で付加給付の内容を確認しましょう。

　上記のように充実した公的医療保険制度があるため、医療保険が必要になるケースは少ないと言えます。ひとつの見方は、長期間療養生活を余儀なくされた場合、前述の月間の自己負担限度額を貯蓄で賄うことができるかどうかです。また何か特別な事情があれば、医療保険への加入を考えましょう。

3 がんとがん保険

 二人に1人はがんになる!?

　50歳台になったばかりのほとんどの方は今まで大きな病気に罹ったこともなく、医療に関する関心は低いのではないかと思います。しかし50代後半から病気になる傾向が出始め、60代70代に掛けてその傾向は高まり、特にがんになる確率は高くなってきます。

　一生涯でがんにかかる確率は男性の場合63%、女性の場合47%と言われています（出典：厚生労働省"がん統計2016年"）。男性の3人に約2人、女性の2人に約1人の割合です。がん保険の宣伝によく使われる統計です。ただしこれは一生涯におけるがんの累積罹患率（ある年齢までにがんにかかる確率）であり、年齢層別によるがん罹患率には大きな開きがあります。

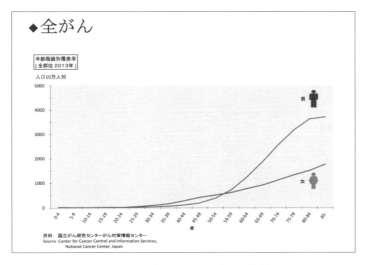

　若い年齢層のがん罹患率は低く、男性50代前半から徐々にがん罹患率が高くなり、60代前半から急に高くなります。なお65歳以上の世代では男性の罹患率は同世代の女性の2倍以上です。

年を経るほどがんに罹りやすい

年齢層別の累積がん罹患率は下記のようになっています。例えば、50歳の男性は、20年後までに20%の確率で、30年後までに40%の確率でがんになると予想されています。

男性（2013年データに基づく）

現在の年齢	10年後	20年後	30年後	40年後	50年後	60年後	70年後	80年後	生涯
0歳	0.1%	0.2%	0.5%	1%	3%	8%	21%	41%	62%
10歳	0.1%	0.4%	0.9%	2%	8%	21%	41%		62%
20歳	0.2%	0.8%	2%	8%	21%	41%			62%
30歳	0.5%	2%	7%	21%	41%				62%
40歳	2%	7%	21%	41%					62%
50歳	6%	20%	41%						63%
60歳	15%	38%							62%
70歳	29%								59%
80歳									52%

女性（2013年データに基づく）

現在の年齢	10年後	20年後	30年後	40年後	50年後	60年後	70年後	80年後	生涯
0歳	0.1%	0.2%	0.6%	2%	6%	11%	19%	29%	46%
10歳	0.1%	0.5%	2%	5%	11%	19%	29%		46%
20歳	0.4%	2%	5%	11%	19%	29%			46%
30歳	1%	5%	11%	19%	29%				46%
40歳	4%	9%	17%	28%					46%
50歳	6%	14%	26%						44%
60歳	9%	21%							41%
70歳	14%								36%
80歳									28%

（出典：国立がん研究センターがん情報サービス "がん登録・統計"）

65歳以上のがん死亡率は老衰の4倍以上

　がんによる死亡率を他の死亡原因と比較すると、平成27年において65歳以上の高齢者のがんによる死亡率は28.7%で、老衰の死亡率6.6%の4倍以上に達しています。高齢者にとってがんは決して侮れません。がん・心疾患・肺炎・脳血管疾患による死亡率は全体の62%に達します。矛盾するような表現ですが、寿命が延びた現代は天寿（＝老衰による死）を全うするのはなかなか難しい時代と言えます。

65歳以上の主な死因別死亡数の割合（平成27年）

悪性新生物	28.7%
心疾患	15.2%
肺炎	9.4%
脳血管疾患	8.7%
老衰	6.6%
不慮の事故	3.0%
その他	28.4%
合計	100.0%

（出典：厚生労働省 "平成27年人口動態統計月報年計（概数）の概況"）

　一方で、がん分野での医学の進歩はめざましく、早期（＝病期"ステージⅠ"）がんの5年生存率は、全がん平均で92%となっています。しかし病期"ステージⅣ"の場合の5年生存率は極端に低くなります（出典：国立がんセンターがん対策情報センター"全国がん罹患モニタリング集計2006-2008年生存率報告"）。したがって早期発見が何よりも大事です。50代になったら年一回、少なくとも2年に一回はがん検診を受けるべきです。

がんの在院日数は短く、通院治療が長い

がん治療にかかる平均在院日数は、平成11年度の31.4日から平成26年度の18.7日と年々短縮されてきています。同時に入院患者の割合は減ってきており、代わりに外来患者の割合は増えてきています。

がん治療における平均在院日数と入院・外来患者数

	平成11年	平成14年	平成17年	平成20年	平成23年	平成26年
外来（人）(*1)	144人	141人	160人	171人	175人	182人
入院（人）(*1)	134人	131人	133人	125人	120人	114人
平均在院日数	31.4日	28.9日	24.6日	22.4日	19.5日	18.7日

(*1) 人口10万人当たりの患者数
出典：厚生労働省「患者調査の概況（平成11年、14年、17年、20年、23年、26年）」

がんの平均在院日数18.7日は、意外に短いと驚かれると思います。これはがん治療の大半が通院治療である現実と合致しています。

がん治療は長期化

がんは他の病気とは別に考える必要があります。なぜなら一度がんにかかると再発・転移等を警戒して治療が長期化する可能性が高いからです。早期発見されて病状がステージIの場合は手術によりがん細胞を除去して治癒する可能性があります。手術後半年程度は経過観察や抗がん剤で治療のため定期的に通院する必要があります。病状がステージIIIやステージIVの場合は手術ではなく薬物投与（抗がん剤投与）による治療になります。例えば3週間周期で薬物投与と抗がん剤の点滴を受け続けます。寛解すれば良いのですが、既存の治療の効果が無くなった時点であらたに別の薬剤の投与を受けることになります。がんの種類、病状のステージや個人差によって違いますが、一度罹患するとがん治療は少なくとも数年から一生涯続くと考えるべきでしょう。

がん治療に掛かる医療費の事例

ご相談を受けたある胃がん（ステージIV＝他の臓器に転移あり）患者の医療費用を例に挙げます。この患者さんは薬物療法・抗がん剤点滴・諸々の検査を定期的に受けています。医療費は1カ月間の薬代に約1万円、血液検査および抗がん剤の点滴等に約30万円、内視鏡胃検査に約3万円、PET検査に約9万円、超音波心臓検査に約2万円、CT検査に約3万円、MRI検査に約4万円です。医療費の総額は年間約500万円になります。しかし、個人（年収は770万円未満）の自己負担額は、高額療養費制度（多数回該当）により月間4.4万円（年間

52.8万円）に抑えられています。

 ## がん治療に係る出費

　ではがん治療に係る総出費は実際どの位でしょうか。少々古い記録になりますが2010年に行われたれた調査によると、がん治療にかかる出費には大きなばらつきがあります。この統計によると、年間自己負担額の平均値は115万円ですが、中央値は約65万円となっており、少数の高額自己負担者が平均値をだいぶ引き上げています。がん患者の約63％が年間100万円以下の自己負担をしている一方、22％の方が年間150万円以上の自己負担を、うち約9％が300万円以上の自己負担を強いられています。

がん治療に掛かる出費

自己負担額 （最も多かった一年間）	回答者数	割合
0～50万	380	34.2%
50～100万	317	28.5%
100～150万	170	15.3%
150～200万	63	5.7%
200～300万	81	7.3%
300～400万	48	4.3%
400～500万	17	1.5%
500～1,000万	26	2.3%
1,000～3,000万	9	0.8%
合計	1,111	100%

支出の平均額　　　　　　　　　　　　115万
支出の中央値　　　　　　　　　　　　65万

（出典：市民医療協議会 "がん患者意識調査2010年" から一部算出）

　なぜがんの治療に掛かる費用にばらつきがあるのか。一つは、収入額に応じた医療費の自己負担限度額の違いによるものです。二つ目は、公的医療保険が適用されない療法を受けた場合、その治療費は全額自己負担になります。3つ目は、民間療法と言われる補完代替療法（健康食品やサプリメント、鍼灸、マッサージ療法、食事療法など）の費用は全額自己負担であるばかりでなく、自制しないと際限なく支出が膨らむ可能性があります。他に交通費やかつら代など治療費以外の費用があります。これらの要素が絡み合ってがんにかかる費用にばらつきが起きています。

がん保険には加入するべきか？

　がん治療も他の病気の治療同様に高額療養費制度の適用により自己負担額は上限が抑えられています。上記の事例のように年収770万円未満の個人の場合、自己負担限度額（多数回該当）は年間52.8万円（月間4.4万円）です。しかし年収770万円以上1,160万円未満の個人の場合、自己負担限度額は年間111.6万円（月間9.3万円）です。その他医療費以外の諸々の費用がかかってきます。この負担が毎年続くとすると、これは無視できない金額です。他の病気と違い、がんに罹患すると出費が長期間続く可能性を考えると、全費用を貯蓄で充分賄える余裕がない限り、がん保険に加入する必要性はあると考えます。

　では、がん保険の加入はどのように考えたらよいでしょうか。現在のがん治療は入院ではなく通院で行う場合が半数以上です。したがって、従来の医療保険の中心的保障である入院給付金や手術給付金ではなく、手術をしない治療法が進んでいる現状下では診断給付金と抗がん剤治療給付金を重視すべきです。これらの使途は限定されていないので役に立ちます。診断給付金100万円と抗がん剤給付金月額10万円を受け取れると一安心でしょう。
　がん治療の長期化を考えるとその治療にかかる費用の総額を事前に算定するのは不可能です。したがって、がん治療にかかるすべての費用をがん保険で賄おうとするのではなく、一部をがん保険で残りを貯蓄でカバーする考え方が理にかないます。また、先進医療特約に入っておくと安心です。最近は先進医療に特化した保険がわずかな保険料で加入できます。

ちなみに、あるがん保険の内容は以下のとおりとなっています。

　　　　契約者：男性（50歳）
　　　　保険期間：終身
　　　　　　　主契約：抗がん剤・ホルモン剤治療給付金　　月額10万円
　　　　　　　放射線治療給付金　　　　　　　　　　　　月額10万円
　　　　　　　自由診療抗がん剤・ホルモン剤治療給付金
　　　　　　　　　　　　　　　　　　　　　　　　　　　月額20万円
　　　がん診断特約　　　　　　　　　　　　一回につき100万円
がん先進医療特約　　　　　　　　　　　通算2,000万円限度
保険料（終身）：月額5,129円

がん診断給付金があれば、入院給付金や手術給付金は特に必要ないと思います。なお、この保険でがん診断特約を"一回につき50万円"とした場合、保険料は月額3,404円に減額されます。この保険がベストとは申しませんが、一つの目安として参考にしてください。

最近はがん治療を続けながら仕事も継続する方が増えています。会社側の理解とサポートが必要ですので、しっかり話し合うことが大事です。しかし、残念ながら離職せざるを得ないときの収入減の可能性にも留意が必要です。

4 介護と介護保険

介護の実情

だれにでも年齢を重ねるとともに身体の衰えが訪れます。すべての人が避けて通れない道です。国民の長寿化に伴い介護を受ける方が飛躍的に増えています。介護保険受給者は平成12年では218万人でしたが、平成27年には608万人と約2.8倍に増加しています。これから団塊の世代が70代後半に突入するにつれ介護保険受給者はまだまだ増加すると思われます。

では何歳の頃から介護が必要になってくるのでしょうか。下記は年齢層別の人口に対して介護認定を受けている方の割合です。75歳を過ぎると介護認定を受ける方が急速に増えてきます。80歳を過ぎると約3人に1人、85歳を過ぎると2人に1人は介護保険の受給者になります。また、75歳以上になると女性の介護保険受給者の割合は、男性のそれを大きく上回っていきます。

全人口に対する介護認定者割合：

年齢層	男	女	合計
65-69	3.2%	2.6%	2.9%
70-74	6.2%	6.4%	6.3%
75-79	11.7%	15.5%	13.8%
80-84	22.9%	33.9%	29.5%
85-89	40.1%	56.5%	50.9%
90以上	63.1%	79.6%	75.9%

（出典：厚生労働省"介護保険事業状況報告月報（平成27年9月）"と総務省統計局"平成27年度国勢調査結果"を基に算出）

健康寿命と平均寿命の狭間

　平均寿命から健康寿命（＝健康で過ごせる期間）を差し引いた年数は、介護を要する可能性の高い期間といえるでしょう。以下のような統計があります。

　　　日常生活に支障をきたしている期間：
　　　　　男性：平均寿命81.0歳－健康寿命72.1歳＝8.9年間
　　　　　女性：平均寿命87.1歳－健康寿命74.8歳＝12.3年間
（出典：厚生労働省“平成28年度簡易生命表”と第11回健康日本21推進専門委員会資料）

つまり、男女ともに70歳代前半以降約10年の間に介護を受ける可能性があることを示唆しています。これは介護保険受給者が75歳以降急激に増加する傾向とほぼ合致しています。

5章 身体の衰えに備える

 ## 公的介護保険制度を理解する

　日本の公的医療保険制度は充実していると紹介しましたが、公的介護保険制度はどうでしょうか。超高齢化社会に突入したことで、公的介護保険の給付条件が年々厳しくなっています。自分に介護が必要になる頃には、国の制度に頼れないのでは?といった声も聞こえてきます。制度がどう変化していくかはわかりませんが、現在の制度を勉強することで介護保険の必要性が見えてきます。

　公的介護保険制度から介護サービスを受けるためには、市区町村に申請して要介護の認定を受ける必要があります。要介護認定は要支援1から要介護5までの7段階です。

　各段階の目安は以下の通りです。

要支援・要介護の状態の目安

状態区分	状態の目安
要支援1	日常生活はできるが立ち上がり等の支援が必要。排泄や食事はほとんど自分でできる。
要支援2	立ち上がり時や歩行が不安定。入浴等一部介助が必要。排泄や食事はほとんど自分でできる。
要介護1	要支援2の状態＋問題行動や理解能力の低下が見られる。
要介護2	立ち上がりや歩行等の動作の移動に何らかの支えを必要とする。排泄、食事に見守り・手助けが必要とすることがある。問題行動や理解の低下がみられることがある。
要介護3	歩行や両足での立位保持等の移動の動作を1人ではできないことがある。排泄を自分1人ではできない。いくつかの問題行動や全般的な理解の低下がみられることがある。
要介護4	歩行や両足での立位保持等の移動の動作を1人ではできない。排泄がほとんどできない。多くの問題行動や全般的な理解の低下がみられることがある。
要介護5	歩行や両足での立位保持等の移動の動作がほとんどできない。排泄や食事がほとんどできない。多くの問題行動や全般的な理解の低下がみられることがある。

 ## どんな公的介護サービスを受けられる?

　ケアマネージャーは要介護者の健康状態を考慮して必要とする介護サービスを組み合わせた介護プランを作成します。介護プランにのっとり、要介護者は諸々の介護サービスを受けます。公的介護サービスには、訪問介護（ヘルパーさんが利用者の自宅を訪れて食事や、掃除、洗濯などの世話をする）、訪問看護（看

護師が要介護者の自宅を訪れて血圧や床ずれ等の処置をする）と通所介護（要介護者がデイサービスセンターを訪れて食事、入浴、機能訓練などを受ける）があります。

介護サービスには利用限度額が設定され、その一部が個人負担

要支援度・要介護度別に介護サービスの利用限度額（支給限度額といいます）が設定されています。要介護者は、年収に応じて、受けた介護サービス費の1割・2割・または3割を負担します。もし利用限度額以上に介護サービスを受けた場合、超過額は全額個人負担になります。

介護サービスの支給限度額と個人負担額 （単位：円）

状態区分	支給限度額	個人1割負担	個人2割負担	個人3割負担
要支援1	50,030	5,003	10,006	15,009
要支援2	104,730	10,473	20,946	31,419
要介護1	166,920	16,692	33,384	50,076
要介護2	196,160	19,616	39,232	58,848
要介護3	269,310	26,931	53,862	80,793
要介護4	308,060	30,806	61,612	92,418
要介護5	360,650	36,065	72,130	108,195

注：一定以上の所得のある人は2割負担または3割負担となる。要介護者が64歳以下の場合は、1割負担となる。

高額介護サービス費制度でさらに個人負担額が減る

介護保険制度には医療費における高額療養費と同じ仕組みがあります。つまり、1カ月間の自己負担額が別途定められた上限額を超えた場合には、その超過額が高額介護サービス費として支給されます。

高額介護サービス費の負担限度額 （単位：円）

所得区分	負担限度額
現役並み所得者のいる世帯	44,400
一般世帯（市区町村民税課税者）	44,400
低所得世帯（市区町村民税非課税者）	24,600
生活保護受給者（個人）	15,000

言い換えると、公的介護サービス費の月間の負担額は最高でも負担限度額までになります。さらに、同一世帯に介護サービス利用者が複数いる場合は、世帯の合算額が負担限度額の対象になります。

介護費は3段階で負担が軽減される

要約すると公的介護保険制度は、
- ①介護サービスの自己負担額は、個人の所得額に応じて、費用の1割・2割または3割に限定されている
- ②個人の所得額に応じて、介護費用月次の個人負担額に上限が設けられている
- ③介護サービスを利用している同一世帯全員の合算負担額に上限が設けられている

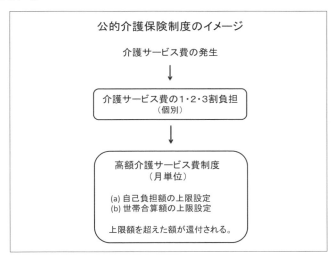

医療費と介護費の年間合計額に負担限度額が設定されています

医療費と介護費にはそれぞれ1カ月間の世帯の負担限度額が設定されており、それを超えた負担額は医療高額療養または高額介護サービス費として支給されると既に説明しました。実は、医療費と介護費の年間（8月から7月まで）の合算額にも世帯の負担限度額が設定されています。高額介護合算療養費制度（または、高額医療合算介護サービス費制度）と呼ばれています。

世帯単位で医療保険と介護保険の合計負担額が一定の額を超えた場合、その一定額を超えた額が支給されます。この制度を利用できる対象者は、同じ世帯員でも同一の医療保険制度に加入している者に限られ、自己負担限度額は世帯員

の加入保険の種類、所得や年齢などによって細かく決められています。例えば、70歳以上で年収156万〜370万円の場合、自己負担限度額は年間56万円になります。詳しくは市区町村の保険年金課で確認してください。

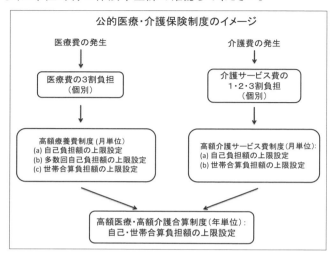

公的介護保険適用外の支出が大きい

　公的介護サービス費用の個人・世帯負担額には限度額が設定されていて、超過分は公的介護保険制度から支払われることが分かりました。では、公的介護保険制度の範疇にない、介護に要する費用はどうでしょうか。入院時の食事代・差額ベッド代、交通費及び住宅改修費・福祉用具の購入費・レンタル費のうち自己負担分などの費用です。一つ一つは少額であっても全体では大きな金額になりえます。

　介護に要した費用（公的介護保険サービスの自己負担分を含む）はどの位でしょうか？　生命保険文化センター"生命保険に関する全国実態調査（平成27年度）"によると、平均介護期間は4年11カ月、費用の平均月額は7.9万円、一時的な出費は80.3万円となっています。
つまり、
　　①月次自己負担額……約8万円
　　②支出期間……約59カ月間
　　③一時的支出……約80万円

となり、ざっくり言って総額約550万円の支出になります。日常の基本生活費からは賄いきれない金額です。しかし、これはあくまで平均的数値であり、自宅介護か施設介護の違いなど、個々の事情により支出額は大きく異なってきます。家族

等のサポート体制によっても支出額は左右されます。

　これらの費用がかかってくるのは統計的には75歳以降です。50代の方が将来のご自分の介護費用を考えるならば、老後資金の一部として介護費用等を長期にわたり積み立てることです。

民間介護保険の仕組み

　民間介護保険の仕組みはどうなっているでしょうか？　民間介護保険の給付金は、介護一時金（100~1,000万円程度）と介護年金（年額20~60万円程度）から成り立っています。ある保険会社の商品を例にあげると以下の内容になっています。

<u>介護終身年金</u>：
保障：　　終身年金 20万円（要介護1）〜 60万円（要介護5）
保障期間：終身
支払要件：公的介護保険制度に基づく要介護1以上
保険料（男性50歳）：（終身払い）月額5,310円
　　　　　　＊要介護1以上の認定後、保険料は免除

<u>介護一時金</u>：
保障：　　一時金300万円
保障期間：終身
支払要件：公的介護保険制度に基づく要介護3以上
保険料（男性50歳）：（終身払い）月額2,784円
　　　　　　＊要介護1以上の認定後、保険料は免除

　介護終身年金の場合、50歳から80歳まで30年間の総支払保険料は約191万円です。要介護1以上に認定されると要介護度により年額20〜60万円が終身で支払われます。介護一時金の場合、50歳から80歳まで30年間の総支払保険料は約100万円になり、要介護3以上に認定されると一時金300万円が支給されます。要介護1以上の認定で保険免除になるのはよいが、要介護3以上の支払要件はハードルが高い。

　なお、多くの介護保険商品が支給条件を公的介護保険で定めた介護認定に連動させています。その場合、例えば上記の例のように"要介護3"の認定が支払要件となっていると要介護1、要介護2の認定では保険金は支払われません。支払条件が"介護認定に連動"または"当社所定の状態になった時"となっている保険商品もあります。その場合には"当社所定の状態"はどういう定義がされているのか理解しておくことが大事です。

認知症保険も併行して考える

　厚生労働省の平成24年度の調査によると、要介護認定者の約70%が認知症有病者となっています。介護と認知症は切り離せない関係にあります。また、要介護者が重度の認知症有病者である場合、介護費用は年間約60万円多くかかるといわれています。したがって、介護保険への加入の是非を考える場合、認知症保険も一緒に考えるべきでしょう。

　前述の保険会社が提供している認知症保険を例にあげます。

認知症終身年金：
保障：　　終身年金60万円
保障期間：終身
支払要件：① 公的介護保険制度の要介護1以上
　　　　　② 認知症高齢者の日常生活自立度判定基準 III 以上
　　　　　③ 器質性認知症の診断
保険料（男性50歳）：（終身払い）月額3,918円
　　　　　　　＊要介護1以上の認定後、保険料は免除

認知症一時金：
保障：　　一時金300万円
保障期間：終身
支払要件：① 公的介護保険制度の要介護1以上
　　　　　② 認知症高齢者の日常生活自立度判定基準 III 以上
　　　　　③ 器質性認知症の診断
保険料（男性50歳）：（終身払い）月額2,010円
　　　　　　　＊要介護1以上の認定後、保険料は免除

　認知症終身年金の場合、50歳から80歳まで30年間の総支払保険料は約141万円になります。要介護1以上に認定されると要介護度により年額20～60万円が終身支払われます。認知症一時金の場合、50歳から80歳まで30年間の総支払保険料は約72万円になり、要介護3以上に認定されると一時金300万円が支給されます。

 ## 民間介護保険・認知症保険に加入するべきか？

　介護に要する費用（公的介護保険サービスの自己負担分を含む）は、住む環境や認知症の有無等により大幅に違ってくると述べました。その一方、自分の介護が始まる70代になったときの家庭の状況は想定しにくいと思います。いずれにせよ介護や認知症は避けられないものと考え、70代半ばまでに介護費用として総額

約500〜600万円前後を用意する必要があると考えるべきです。

　介護を要する時期までにはまだ時間があるので、その間貯蓄に励むのが基本です。幸運にも介護が必要でなかったときは貯蓄を他の使途に使えます。貯蓄だけでは目標額への到達が難しい場合に保険で補填しましょう。その場合、先に例に挙げた介護終身年金、介護一時金、認知症終身年金、認知症一時金保険の組み合わせを考えてみましょう。終身年金は毎年発生する介護費用に充てられます。一時金は住宅リフォーム費用、介護用具購入費や施設入居金に充てられます。なお、介護保険の支給要件は認知症による介護状態を含みますが、認知症保険の支給要件は認知症のみであり、他の原因による要介護状態は含みません。支給要件が限定されている分、認知症保険の保険料は安くなっています。

　どの保険の組み合わせにするにしても、保険金総額と支払保険料総額との間の妥協になります。将来の介護費用がどの位になるかはなかなか想定できない現況下においては、できるだけ多くの費用を保険で賄いたいと思いがちですが、当然に保険料は高くなります。高い保険料が資産形成を妨げたり、家計簿の収支を悪化させるのは本末転倒です。

　治療のための医療費は負担しなければなりませんが、介護は経済的に負担できる範囲内でする発想の転換が必要です。

5 減収の補填を考える

離職による収入減に備える － 就業不能保障保険

　就業不能保険は、ケガや病気などで入院または在宅療養することにより就業不能な場合に保険金が支払われます。生命保険の支払事由は死亡または高度障害ですが、就業不能保険の支払事由は就業不能です。したがって、高度障害でなく就業不能の場合には生命保険ではなく、就業不能保険が役に立ちます。

　就業不能保険の保険金は、支払対象外期間（60日または180日間）を経た後、毎月一定額を契約期間の満期（例えば65歳）までまたは一定期間（例えば3年間）支払われます。仕事復帰後に給付が終了する場合と一定期間給付される場合と保険商品により異なります。保険金支払いの判定要件も保険商品により異なり、精神障害や特定の疾病以外は対象にならない場合があります。一般にどの保険商品も就業不能状態の定義を厳しく定めています。

就業不能保険には加入するべきか？

　会社員の場合、健康保険の傷病手当金（18ヶ月間月収の3分の2を支給）があるので、就業不能状態が長期間続く場合のみ就業不能保険への加入が考えられます。しかし、就業不能が長期間続く状態は高度障害になっている可能性が高く、そうなると障害年金（障害基礎年金と障害厚生年金）や生命保険の高度障害による保険金が支給される可能性が大きいと考えられます。したがって、会社員が就業不能保険に加入する必要性は低いと考えます。

　自営業者の場合、国民健康保険には傷病手当金がないので、就業不能になった時点から収入が途絶え、収入減を補完する必要がでてきます。数ヶ月間の入院による収入減を補填する場合に就業不能保険は役に立ちます。また就業不能状態が長期間続くような高度障害になった場合には障害基礎年金や高度障害を事由とする生命保険金の支給が考えられますが、それでも不十分な場合にも就業不能保険は使えます。いずれにせよ、各商品の内容を、特に就業不能の定義と支払要件を、吟味する必要があります。

まとめ

　身体の衰えてくる高齢世代に向けて立ちはだかる課題についてお話ししました。私見ですが、がんと介護は将来避けて通れないことを前提にして、
　①医療保険・がん保険への加入は、月間の自己負担限度額の長期間支払いを余儀なくされたときを想定して、貯蓄との組み合わせで考える、
　②介護保険・認知症保険への加入は、70代以降介護費用が必ず発生すると想定して、貯蓄を主として保険で補完することをおすすめします。

　身体の衰えに備えるための医療保険、がん保険、介護保険、認知症保険、就業不能保険について解説してきました。ここでは個々の保険商品の是非を論ずることはできませんが、各保険に対する考え方はご理解いただけたと思います。

がん治療の現状

　近年、有名人のがんによる死亡や、がん発症の公表が相次いでいます。有名人が採用したがん治療法には、標準治療以外に民間療法とか代替療法と言われる治療法も含まれていて、その是非については週刊誌等の話題になりました。聞き慣れない医学的用語が飛び交っており、なかなか理解できないのですが、私なりにがん治療についてまとめてみました。

標準治療 −
- ・科学的根拠に基づいた治療法で、現時点で最良の治療法と考えられている
- ・手術、抗がん剤治療、放射線治療の三大治療法がある
- ・公的医療保険が適用され、医療費は3割負担や高額療養費支給の対象となる
- ・一般的に採用されているがん治療法である

自由診療 −
- ・ほとんどの治療法の有効性はまだ医学的に認められていない
- ・例：遺伝子治療、免疫治療（免疫チェックポイント阻害剤、ワクチン治療、NK細胞療法、サイトカイン療法、CAR-T療法等）など[*1]
- ・公的保険の対象にならず、治療費は全額個人負担となる

(*1)：一部の免疫療法（例：免疫チェックポイント阻害剤であるオプジーボ、キイトルーダ）はその有効性が認められ公的医療保険の対象となっており、免疫療法は、標準治療法に続く第4の治療法になるとの期待が高い

民間療法 —
- ・様々な療法がある（健康食品・サプリメント、鍼灸、指圧、気功、マッサージ、アロマテラピー、ハーブ療法、ビタミン療法、食事療法、温泉療法、温熱療法、ヨガ、等々……）。
- ・費用は全額個人負担となる

　標準治療以外の全てをまとめて補完代替療法と呼ばれることもあります。補完とは標準治療と併用しておこなう治療を意味し、代替とは標準治療に替わる治療を意味しています。ここでは、医師がおこなう自由診療と、主に医師以外の専門家がおこなう民間療法に分けました。

　民間療法は実に多種にわたっています。そのなかでも健康食品・サプリメントの利用者が多いようですが、民間療法で医学的に有効と認められているのはないのが実情です。それでもがんの進行抑制や治療を求めて、年間数十万円の出費をしている方もいるようです。

　自由診療の世界においては、標準治療と併行して自由診療を受ける場合もあれば、標準治療を諦めて自由診療のみを受けているがん患者もいます。インターネットで"がん治療"で検索してみると「最新のがん治療法」「第4のがん治療法」「最先端がん治療」「進行したがんも治す最新治療」、「がん完治の最新治療」といったがん患者に希望を与えるキャッチフレーズが目につきます。その有効性は必ずしも医学的に証明されていないのにも関わらず、これらの治療の多くは数十万円から数百万円かかります。

　どの治療法を受けるかは患者の一存に委ねられますが、一途に信じて途方もない金額を費やしてしまう危うさがあるのががん治療の現状です。

第6章

認知症と成年後見制度

本章を読んでほしい方
・身近に認知症の方がいる方
・認知症にかかる問題を知りたい方
・成年後見制度のメリットを知りたい方
・成年後見人の役割を知りたい方

　長寿化に伴い多くの方にとって認知症は避けて通れない病症です。50代の方の喫緊の課題としては、ご両親の精神的衰えでしょう。認知症の方が日常生活で遭遇する問題、認知症患者の法的位置付け、どういう支援体制が必要か、そして法的制度である成年後見制度を理解してください。

1 認知症の現状

 年齢とともに認知症有病者が増加する

　父は頭が良いから認知症にはならないだろう。自分だけは認知症とは無縁だ。そう考えている方も多いのではないでしょうか。本当にそう言い切れるでしょうか。

　日本における認知症有病者の実態と統計を見てみましょう。
　2018年には高齢者（65歳以上）の割合は全人口の28.1%に達しており、日本人の4人に一人は高齢者です。2035年には高齢者の割合は全人口の34%に達すると言われており、実に3人に一人が高齢者となるわけです。そして高齢になればなるほど、認知症になる可能性は高まります。

　では、実際の認知症の有病率を年齢層別に見てみましょう。

認知症有病率

年齢層	男性	女性
65〜69歳	2.80%	3.80%
70〜74歳	3.90%	4.90%
75〜79歳	11.70%	14.40%
80〜84歳	16.80%	24.20%
85〜89歳	35.00%	43.90%
90〜94歳	49.00%	65.10%
95歳以上	50.60%	83.70%

（出典：国立国会図書館 "認知症対策の現状と課題、調査と情報 No.846"）

　男女ともに75〜79歳から認知症有病率が10%を超えていきます。そして80歳から急に上昇していき、80〜84歳では男性の6人に一人、女性の4人に一人が認知症になっています。高齢者にとって認知症は身近な病状といえます。

 認知症者の症状

　認知症になると色々な症状が現れます。認知症の発症は家族や身の回りの世話をする方達に精神的・肉体的に多大な負担をかけます。

認知症の症状はその原因によって異なります。
　　①アルツハイマー型……認知症の約5割以上はアルツハイマー型と言われています。記憶障害、判断力低下、認知機能の低下、見当識障害等があります。

②脳血管性……認知症の約2割が脳血管性と言われています。記憶障害、見当識障害のほかに、認知機能障害、言語障害、歩行障害、知覚障害なども見られます。残存機能と低下機能の差が大きいことと、時間帯によって症状が変動することが特徴です。
③レビー小体型……幻視、睡眠時の異常行動、認知機能の変動、手足の震え等の症状が特徴です。
④前頭側頭型……自分勝手な行動（万引きや窃盗、交通ルールの無視、周囲への無配慮、協調性の欠如等）、見当識障害、意欲・自発性の低下などの症状があります。

認知症全般の共通症状としては、個人差はありますが、徘徊、幻覚、妄想、うつ状態、暴言・暴力等があります。認知症の原因を知っていれば、どのような症状がでるのか予測でき、より適切な対応ができます。

認知症を根本的に治療する方法は医学的には確立されていません。最近注目を浴びているのが、予防と進行抑制を目的とする非薬物療法と言われる療法です。音楽療法、学習療法、食事療法、運動療法、芸術療法などがあります。いずれの場合も、本人を一人きりにせず、社会との関わり合いを持たせることが大切です。

認知症者と家族が直面するトラブル

認知症は対外的にも様々な問題を引き起こす可能性があります。例えば、

①徘徊して事故に巻き込まれて、相手側から賠償責任を問われる。
　責任無能力者（認知症者や未成年者）の行為によって第三者が損害を被った場合、その家族は監督義務者として賠償責任を問われます。

これに関する最高裁の判例をご紹介します。2007年、認知症の男性（91歳）が徘徊してJR東海の線路に侵入し列車にはねられ亡くなった事故でJR東海は列車遅延による損害賠償金約720万円を家族に請求しました。2016年3月最高裁は第1審と第2審の判決を覆し、この裁判において諸事情を鑑みて家族は必ずしも監督義務者にはならないとして、当該家族に賠償責任はないとしました。

この最高裁の判決は家族に認知症者をお持ちの方々には朗報でした。しかしながら、認知症者の行為により第三者が被った損害に対して家族が監督義務者と認定されれば（特殊な事情がない限り、通常は認定されます）損害賠償責任を負うという基本的考え方には変わりはありません。上記の裁判は、認知症者の家族の法的賠償責任を改めて喚起させる事件でした。

②自動車事故を起こす
　高齢者による自動車事故が最近注目を浴びていますが、この中には認知症者も

含まれています。事故を起こした方は損害賠償責任を負いますが、もし認知症と判断されるとその家族が損害賠償責任を負います。

③ 万引きをする

認知症者による万引きが発生しています。本人は悪いことをしている意識は全くありません。法的には犯罪には変わりはないので、家族は警察やストア関係者との話し合いに忙殺されるでしょう。

④ 消費者トラブルに巻き込まれる

訪問販売・電話勧誘販売・オレオレ詐欺など高齢者を対象にした詐欺行為が後を絶ちません。特に認知症の方は被害者になる可能性が非常に高いと言えます。折角長年かけて貯めた貯蓄を本人は無意識のうちに湯水のごとく散財してしまうことになります。

⑤ 連帯保証人になってしまう

本人が無意識で他人の連帯保証人になってしまうことがあります。

後日、本人が認知症であったことを理由に連帯保証人契約の無効を訴えることは可能ですが、当時認知症であったことを証明するのは難しいと言えます。

⑥ 不利な契約を交わしてしまう

本人が交わした契約等は、その内容が不利であるとしても原則有効になります。一旦交わした契約を解約または無効にするには、内容に応じて消費者法、特定商取引法などの条文にのっとり処理しなければなりません。契約締結当時本人が認知症であったことを理由に契約の無効を主張することも可能ですが、証明難しいハードルです。専門家の助言が必要になるでしょう。

⑦ 交わした契約が無効と訴えられる

逆に、契約の相手側から契約書は法的に無効と主張されることもあります。同様に、相続発生後一部の相続人から遺言書の無効を主張されることもあります。

⑧ 法律行為ができない

重症の認知症の場合、預金の引き出し等の日常生活上の行為のほか、借り入れ、賃貸借契約の更新、生前贈与などの契約の締結や遺言書の作成などができなくなります。

家族にできること

　家族に認知症の傾向が見られたら、その後注意深く見守ることが大切です。高齢による物忘れ（昨日の昼食で食べたおかずが思い出せない）か、認知症に起因（昨日、昼食を食べた記憶がない）するものなのか注意深く観察することです。また認知症の兆候は当初まだら模様で起きることがあるのでその初期段階での察知は難しいところです。ある日はしっかり受け答えができても、翌日はしどろもどろになることもあります。したがって、身近にいる人でも単なる老年による物忘れだろうと、認知症の兆候を長い間見過ごしてしまうことがあります。

　認知症に起因する問題をできるだけ防ぐために、家族が今からできることがあります。
① 留守電モードにする
　電話販売やオレオレ詐欺を避けるには、知らない人からの電話には出ないことです。それには留守電モードにして相手の声を聞いて知人の場合のみ電話に出ることです。軽度の認知症の方には非常に有効な手立てです。

② 玄関の呼び鈴には応答しない
　TVフォンを通じて相手を確かめ、知らない相手の場合応答しないことです。こうすることで訪問販売の餌食になりません。認知症が重い方の場合は、家族の外出時にはインターフォンの電源を切っておくのもよいでしょう。

③ キャッシュカード、貯金通帳や銀行届出印を手元に置かない
キャッシュカードや貯金通帳などを認知症者がすぐに取り出せる場所においておかない。本人の了解をとって家族が保管するようにするとよいでしょう。本人の誤解を招かないよう、充分に説得することが大事です。

④ ATMによる利用限度額を最低限にする
　二次的防止策として、ATMの利用限度額を低く設定して、万が一の場合の被害額を最低限に抑えることです。

個人賠償責任保険（特約）で認知症者の家族の賠償責任を補填する

　多くの皆さんは自動車保険や火災保険に付帯して個人賠償責任特約に加入されていることと思います。しかし、従来の個人賠償責任保険（特約）では上述の認知症者による鉄道事故等には対応できません。従来の個人賠償責任保険は、日常生活のなかで誤って**他人にケガを負わせたり、他人の物を毀損させて法的賠償責任を負ったりした場合に補償する**のであり、電車遅延などによる損害のように**人的被害・物的毀損を伴わない損害は補償されません**。また、別居の既婚の子は補償の対象外です。

　いくつかの保険会社は認知症者の行為により家族に賠償責任が生じた場合、別居の親族や成年後見人も補償の対象者に含めて補償できるよう個人賠償責任保険を改訂しました。さらに、先述の認知症者によるJR東海事故を発端に、電車の運行不能等による物損を伴わない賠償責任をカバーする特約も商品化されています。

　家族に認知症者がいらっしゃる方は、既に加入している個人賠償責任保険（特約）に上記の改訂が反映されているかどうか確認してください。確認すべき点は、

　①認知症者の監督義務者である親族が補償の対象者となっている
　②交通機関の運行不能等（＝他人にケガがなく、また物損を伴わない場合）による損害賠償も補償される

ことです。必要に応じて新たに個人賠償責任保険に加入してください。

2 成年後見制度を理解する

法的な手立て－成年後見制度を利用する

　認知症者が直面する課題は、端的に言って以下に集約されます。
　①自分自身の身の回りの世話ができない。
　②自己の財産を管理できない
　③判断能力が欠けているため契約等の法律行為ができない

　これらの課題を解決するためには、①については、身体の衰えた方と同様に、介護保険制度等を利用することになります。②と③については、法律行為を伴うこ

となので法的な制度の活用が必要になります。つまり、成年後見制度の活用です。

成年後見制度の目的は？

　成年後見制度とは、認知症などで自己の判断能力が不十分な高齢者の方の財産管理や生活支援をするための制度です。制度上、保護者（以下、後見人という）に求められているのは、認知症の方（以下、本人または被後見人という）の①財産の維持・管理②身上監護です。

財産の維持管理：
　財産の維持・管理では、本人の所有する財産（預貯金、不動産等）を後見人がその維持管理のために必要な処置を行います。その結果（財産の増減）は本人に帰属します。当然に本人のために行った経費は本人の財産から支出されます。後見人による業務は、預金口座の管理や預金の出し入れ、日常生活品の購入、家賃・水道光熱費の支払いなど、日常生活における金銭の授受すべてです。

　なお、本人所有の財産の投資は、財産の維持・管理の範疇に入りません。したがって後見人は、本人所有の不動産や金融資産の投資に関与することはできません（よって認知症の方が所有する不動産や金融資産の投資は誰もできなくなり、事実上凍結されます。これに対処できるのが後述する家族信託という仕組みです。（家族信託は第8章で詳しく説明します）

　なお、後見人は本人の利益になるための行動をすることを求められています。例えば親の利益になる行為に対して相続財産の減少を防ぐためにお金の出し惜しみをするようなことは慎まなければなりません。

身上監護：
　身上監護とは、本人が自立した生活を送れるように、後見人が本人のためにおこなう法律行為です。介護施設との契約、治療や入院手続きなど多岐にわたります。後見人には事実行為は義務づけられていません。必要に応じて介護訪問・入浴・身の回りの世話をするヘルパーや介護人等を雇用するための契約締結等の法律行為をします。もちろん、後見人自身による事実行為を妨げるものではありません。専門職（弁護士・司法書士・社会福祉士など）が後見人の場合その業務範疇は法律行為に止まりますが、親族が後見人の場合は事実行為と法律行為の分別なく支援することが多いでしょう。

成年後見のメリットとその限界

　成年後見制度は法律のうえに成り立っており、被後見人は法律によって守られています。被後見人が受けるメリットは、
　　① 後見人が被後見人の財産の維持・管理できる
　　② 財産の積極的な運用や投資はなされず、被後見人の生活環境の維持向上など、被後見人の利益のためだけに支出される
　　③ 被後見人に相続が発生したとき、遺産の全容が把握されている
　　④ 悪徳商法などの被害から守られる
　　⑤ 被後見人の生活環境が適切に維持される
　　⑥ 成年後見人から報告・相談を受けることで、後見監督人または家庭裁判所は成年後見人の後見事務に関与する
などがあります。

　一方、成年後見制度の限界として、
　　① 被後見人が携わってきた事業の積極展開（例えば賃貸アパートの売却・建替え）や財産の投資（例えば金融商品の購入）ができない
　　② 他の人を利得するような経済的行為（例えば孫等への贈与）はできない
などがあります。

成年後見制度の法体系を理解しよう

　成年後見制度を法的な角度から見て行きましょう。成年後見制度は三つの制度から構成されており、それぞれが異なった法律により定められています。

　　　　　　　　　根拠法：
・法定後見制度　　民法
・任意後見制度　　任意後見に関する法律
・後見登記制度　　後見登記等に関する法律

では、それぞれの制度をみていきましょう。

3 法定後見制度の仕組み

法定後見制度の目的

　法定後見制度の目的は、認知症、知的障害、精神障害、高次脳機能障害等の理由で**既に判断能力（＝法律行為の結果について認識し、判断する能力）の衰えた人**を支援・保護する制度です。本人の身上監護や財産管理に関する法律行為の権限が保護者に付与され、本人への保護・支援をおこないます。
　　身上監護……生活や健康を維持するための行為
　　財産管理……財産の保存・維持・処分ための行為

法定後見制度の特徴

　法定後見制度の対象となる人は、認知症などの精神的な障害等により、既に判断能力が衰えている人です。本人の判断能力の程度により3類型（成年後見・保佐・補助）に分類されます。対象となる人とその保護者は以下のように呼ばれます。

対象となる人	保護者
被後見人	成年後見人
被保佐人	保佐人
被補助人	補助人

　家庭裁判所が選任した保護者（成年後見人・保佐人・補助人；以下、法定成年後見人等）が、法律で定められた範囲内において、本人に代わり法律行為をおこないます。保護者には、状況にしたがい取消権・同意権・代理権が付与されます。つまり、本人の法律行為を取り消すことができます。また同意することで、本人の法律行為が確実に有効となります。

法定後見の開始

　法定後見制度の大前提は、本人は既に認知症等により判断能力が衰えていることですので、家庭裁判所への法定後見開始の審判の申立ては、通常親族、または親族等がいない場合行政庁（市区村長）がおこないます。

　以下に法定後見開始の手順を示します。
　　①親族、市区町村長等が家庭裁判所に後見（保佐・補助）開始の審判の申し立てをする
　　②（場合により）鑑定人による鑑定書を提出する
　　③家庭裁判所による審判の手続き（面接、調査、親族照会、鑑定等）

④家庭裁判所による後見（保佐・補助）開始の審判の告知と成年後見人等の指名
⑤（場合により）家庭裁判所は成年後見監督人を選任する
⑥成年後見人（保佐人・補助人）は後見事務を開始する

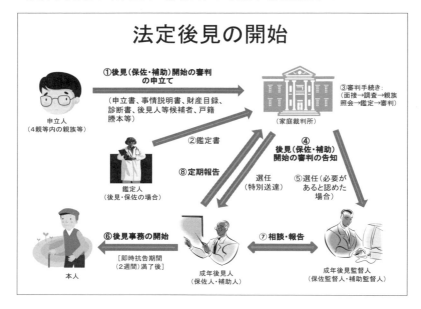

4 任意後見制度の仕組み

 任意後見制度の目的

　任意後見制度は、判断能力（＝法律行為の結果について認識し、判断する能力）の衰えた人を支援・保護する制度です。**本人が健常な時に保護者と任意後見契約を結んでおき、本人の判断脳力が衰えたときに契約の効力を生じさせます**。契約の効力発生後、保護者（＝任意後見人）は身上監護や財産管理に関する法律行為の権限を行使して、本人への保護・支援をおこないます。

任意後見制度の特徴

　任意後見制度の対象となる人は、**現在判断能力がある人**に限られます。任意後見制度の肝は、本人に**判断能力があるとき**に受任者（任意後見人になる人）との間で任意後見契約を交わすことです。（本人の判断能力が衰えてしまった後では任意後見契約は締結できません。その場合には法定後見制度を利用することになります）

任意後見の開始

　以下に任意後見開始の手順を示します。
　①本人と受任者の間で任意後見契約（公正証書）を締結する
　　　・本人に判断能力がある時に契約を結ぶ
　　　・後見事務の内容は身上監護と財産管理の範囲内で自由に決められる
　　　・後見事務の内容は代理権目録に明記して、契約書に添付する
　②数年後、本人の判断能力が衰える
　③親族・任意後見受任者等が家庭裁判所に任意後見監督人選任の申立てをする
　④家庭裁判所は任意後見受任者の適格性の調査と本人の判断能力の判定をする
　⑤家庭裁判所が任意後見監督人（弁護士等）の選任をおこなう
　⑥任意後見人は後見事務を開始する

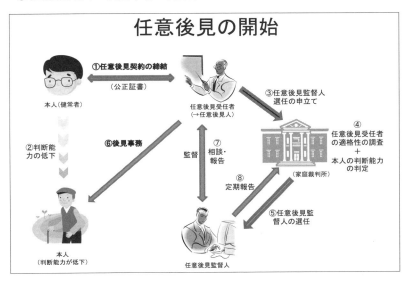

5　後見人の業務

　後見人として果たすべき業務、範疇外の行為、その他気を付けるべき事柄についてお話しします。

 後見人がする後見事務とは？

　法定成年後見人等および任意後見人の職務について説明します。

（1）身上監護

　身上監護とは、以下の業務で、後見人等がおこなう法律行為を指します。実際の介護等の事実行為は制度上義務付けられてはいません。本人の状況を鑑みて、介護や入院・入所が必要と判断すれば介護人を手配する契約や入院・入所の契約をします。親族が後見人の場合、事実行為と法律行為の区分がはっきりしないことが実務上ありますが、後見制度において後見人に義務付けられているのはあくまで法律行為です。

身上監護に係る行為：
・介護・生活維持に関する事項
・住居の確保に関する事項
・医療に関する事項
・施設の入退所・処遇の監視・異議申し立てに関する事項

（2）財産の管理

　財産の管理に関する行為においては、後見人等は本人のために次の事項に関する法律行為ができます。本人の財産に関してほぼ一元的に管理できます。ここで注意すべきことは、財産管理については、本人の財産の保全を目的としていることです。したがって、事業の拡張やそのための新たな投資や借り入れ等は後見人等の権限の範疇に入りません。

財産の管理に係る行為：
・不動産その他の重要な財産の管理・保存・処分等
・金融機関との取引
・定期的な収入の受領および費用の支払い
・本人および親族の生活に必要な送金および物品の購入等
・相続に関する事項
・保険に関する事項
・証書等の保管および各種の手続き

上記の範疇に入る法律行為内で、後見人等は
　（法定後見の場合）法律で定められた枠内で、
　（任意後見の場合）任意後見契約に明記された範囲内で、
職務権限を持ちます。

成年後見人等・任意後見人の職務範囲

生活・療養看護及び財産の管理に関する法律行為と付随する事実行為

財産の管理に関する行為：
- 不動産その他の重要な財産の管理・保存・処分等
- 金融機関との取引
- 定期的な収入の受領及び費用の支払い
- （本人及び親族の）生活に必要な送金及び物品の購入等
- 相続に関する事項～法定相続分の要求、遺留分減殺請求等
- 保険に関する事項
- 証書等の保管及び各種の手続き

生活・療養看護に関する行為：
- 介護・生活維持に関する事項
- 住居の確保に関する事項
- 医療に関する事項
- 施設の入退所・処遇の監視・異議申し立てに関する事項

その他：
- 以上各項に関して生じる紛争の処理する復代理人・事務代行者に関する事項
- 以上の各事務に関連する事項

親族後見人への支援機関

　裁判所の裁定があれば、親族でも成年後見人等に就任できます。しかし最近の傾向としては、専門職（弁護士、司法書士、介護福祉士等）が大半を占め、親族後見人等の割合は2割程度になっています。

　2025年には認知症高齢者は約700万人となると見込まれる一方、2017年度末時点の成年後見制度利用者は21万人にとどまっています。危機感を抱いた政府は、親族が安心して成年後見人等に就任できるよう地方自治体に対して支援機関の設置を要請しています。支援機関の主な役割は相談や助言のワンストップ窓口となります。各地域の社会福祉協議会が支援機関の設置に中心的役割を果たしていくと思われます。

後見人・後見監督人への報酬

　任意後見人への報酬額は当事者（本人と任意後見受任者）間で自由に決められ、任意後見契約書に明記されます。法定後見人（保佐人、補助人を含む）及び後見監督人への報酬額は家庭裁判所が決めます。

　横浜家庭裁判所（平成23年4月公表）、東京家庭裁判所（平成25年1月公表）及び大阪家庭裁判所（平成25年11月公表）がそれぞれ公表した「成年後見人等の報酬額のめやす」によると、報酬額は以下のように設定されています。

　基本報酬：
　　法定後見人：通常　　　　　　　　　　　　　　月額2万円
　　　　　　　管理財産額1,000万～5,000万円まで　月額3～4万円
　　　　　　　管理財産額5,000万円超　　　　　　 月額5～6万円
　　後見監督人：管理財産額5,000万円以下　　　　 月額1～2万円
　　　　　　　管理財産額5,000万円超　　　　　　 月額2.5～3万円

　付加報酬：
　　　　特別困難な事情があった場合　　基本報酬の50%以内で相当額
　　　　特別な行為をした場合　　　　　相当額

これはあくまで目安であり、家庭裁判所は個々の事案を総合的に考慮して適正妥当な報酬額を算定するということです。いずれにせよ、成年後見制度を利用するにはそれなりの費用がかかることを理解してください。

後見事務に該当しない行為

後見人等の職務に入らないとされている行為があります。

1. 一身専属的な行為……他人には委託できない、本人だけの意思によってのみできる行為です。婚姻、養子縁組、離婚、離縁、子の認知、遺言などです。
2. 保全目的以外の財産管理……贈与、寄付、貸付、投資、投機、相続税対策等です。
3. 死後の事務……葬儀、埋葬、永代供養、借家契約の解除等、本人の死後に行われる事務手続きです。（限定的に認められる場合がある）
4. 医療行為の同意・拒否……被後見人等に対する医療行為に対して同意または拒否する権限は後見人等にはありません。その判断は、被後見人等自身、その家族・親族、医師の判断に委ねることになります。
5. 本人の身体への強制……本人の意思に反して身体への強制を伴う行為です。
6. 事実行為……家事や介護等の行為自体は事実行為であり、後見人等の本来の義務ではありません。

成年後見人等・任意後見人の職務に入らない行為

一身専属的行為（身分上の行為）*1：
婚姻・養子縁組
離婚・離縁
子の認知
遺言

医療行為*1：
一般の手術、不妊手術、
延命治療、臓器移植等の同意又は拒絶

〈本人の意思能力がない場合、最小限の診察行為（健康診断受診、触診、レントゲン検査、血液検査等）及び治療行為（注射、投薬、骨折・傷の治療等）の同意は可能とされている。〉

財産管理*1：
贈与・寄付・貸付等
投資・投機取引
相続税対策

本人の身体に対する強制を伴う行為*1：
入院・施設への入所の強制、
介護の強制、
リハビリの強制

死後の事務*1：
葬儀・埋葬・永代供養
未払い費用の清算
借家契約の解除・明渡

事実行為*2：
家事
看護・介護等

その他*2：
身元保証人・身元引受人になる

*1：権限の及ばない行為
*2：義務の及ばない行為

後見事務の報告・相談は後見監督人と家庭裁判所に

　後見事務をおこなうに際し、成年後見人等や任意後見人は予め決められた時期に後見監督人を通じて家庭裁判所に報告しなければなりません。また、毎年一回被後見人の年間収支、財産、生活状況等の報告を義務付けられています。後見事務の遂行において質問・疑問等が生じたときは、随時後見監督人または家庭裁判所に問い合わせして指示を仰ぐことになっています。

　年間収支表や財産目録の作成には細心の注意が必要です。たとえ親の財産であっても自己の財産と明確に分けて資金の入出金を記録し、領収書を収集・保管し、かつ預金通帳の入出金記録と辻褄があっていなければなりません。また財産目録の残高とも合致させなくてはなりません。たとえ親の財産であっても私的に流用することは禁じられています。親族が後見人の場合は肝に銘じなければなりません。疑惑を生み他の親族との間で争いごとになりかねません。

6　後見登記制度の仕組み

後見登記制度

　後見制度には、不動産登記や商業登記とは異なる、独自の登記制度があります。その目的は、誰が後見人でどのような権限を持っているのかを公的に記録するためです。しかしながら、これらの情報は個人情報保護の観点から一般には公表されません。親族や後見人等からの請求に応じて、法務局後見登録課が"登録されていないことの証明書"や"登記事項証明書"の交付をもって開示します。

　東京法務局後見登録課が、成年後見に関する情報を一元的に集中管理して、請求に応じて情報を開示します。後見に関する重要決定事項は家庭裁判所や公証人から直接後見登録課に連絡され、また登記の変更等については成年後見人等や任意後見人などから報告することになっています。

6章 認知症と成年後見制度

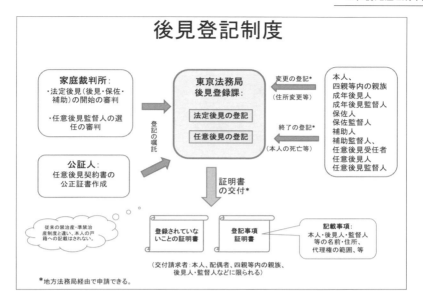

7 成年後見制度を活用する際の留意点

法定後見と任意後見のどちらを利用するか

　本人に判断能力が備わっていないと自立した生活が難しくなります。自己の財産管理のみならず、日常生活面でも支障を生じます。線路内に入り込むなど危険な行為に陥ってしまうこともあります。結果として家族が多額の賠償責任を負わされることもあります。認知症に起因する諸々の支障や責任を解消・回避し、かつ、本人の適正な生活環境の維持管理のために、成年後見制度をどう活用したらよいでしょうか。

　認知症の兆候が軽く判断能力（＝法律行為をする能力）が残っていれば、任意後見制度を利用する選択肢があります。その時点での本人の判断能力の程度に左右されます。本人に判断能力が欠けていると判断されれば、その重度によって法定後見制度の後見、保佐、補助のいずれかの選択になります。

法定後見の場合：
　後見人等の選定は家庭裁判所の判断に委ねられます。親族が後見人候補として名乗り出ても、家庭裁判所がそれに同意するとは限りません。最近の傾向として、

専門職後見人が指名されることが多いようです。したがって法定後見制度においては親族にはあまり裁量の余地は残されていません。

任意後見の場合：
　本人と親族には裁量があります。後見人に付与する権限を本人の意向・希望を反映した内容を任意後見契約書に記載します。後見人は明記された権限にしたがって法律行為をおこないます。健常時において事前に本人と話し合うことで本人の意思が尊重されます。

　余談ですが、私が関与した任意後見契約では、本人の希望として部屋（自宅および施設）の中を夫との思い出の写真、家具と花で飾ることが明記されていました。法定後見になってからでは窺い知れない、本人のみぞ知る希望です。

　任意後見の場合、事前に本人と任意後見受任者（＝後の任意後見人）との間で任意後見契約書が交わされます。この時点で任意後見人が事実上決まる訳です。本人にとって誰が自分の後見人になるかは、実務上も精神上も大きな関心ごとです。後見人を事前に知っていることで、本人が精神的安定を得ることは大切です。

　成年後見制度のなかでの任意後見の割合は非常に少ないのが現状です。座して法定後見を待つのではなく、家族間で積極的に話し合い、任意後見の仕組みを最大限活用するのが正しい方向と思います。

　後見人が保持する権限に関して留意点があります。法定後見人には代理権と取消権がありますが、任意後見人は代理権のみあります。したがって、任意後見人は被後見人（認知症者など）の法律行為を取り消しすることはできません。被後見人の法律行為を取り消すには他の法的手段をとる必要があります。被後見人が消費者被害を受ける可能性を排除するために、あえて（後見人が取消権を持つ）法定後見制度を活用することも状況によっては考えられます。

専門職後見人と親族後見人のどちらがよいか（任意後見の場合）

　成年後年制度の利用において、法定後見と任意後見のいずれの場合でも、誰を後見人にするかが最初の課題になります。最近の傾向としては法定後見人4人のうち約3人を専門職（弁護士・司法書士等）が占めています。

　専門職に委ねる利点は、後見業務に精通していることです。一方、その業務範囲は法律行為のみで事実行為は範疇に入りません。通常は特別の用事がない限り、月に一度本人（および入所している施設の担当者）に電話または訪問して安否や生活の状況を確認する程度に止まります。また専門職への報酬として月額

2万円程度は必要になります。

　親族が後見人になった場合、親族には法律行為のみならず、本人の身の回りの世話など事実行為もお願いできます。当然その分親族へ負担は大きくなります。本人が身近に住んでいる場合には、あえて専門職に後見業務を委ねるより、親族後見人のほうがことはスムーズに運ぶでしょう。逆に本人が遠方に住んでいる場合には、本人の身近に住む専門職後見人のほうが何かあったとき迅速に対応してもらえます。専門職後見人にするか親族後見にするか特に決まりはありませんが、親族への負担と本人の居住地を判断材料にされるとよいでしょう。

　例外として、後見人選定について親族間で意見が折り合わない場合は、専門職後見人を選択すべきです。後見人は本人の全財産を預かる身です。一方、他の親族は後見人の動向を窺っています。親族間の意思疎通が充分でない場合、他の親族からあらぬ疑いをかけられて後ろ指を指される可能性は否定できません。後々の争いごとを避けるためには親族後見は避けるべきです。言うまでもなく、後見人の選定には事前に親族間で話し合うべきです。

8 他の制度との併用

死後事務の手続きは誰がする？

　後見制度は被後見人等の生存中にのみ効力を生じる制度であるので、被後見人等の死後後見人等は後見事務にかかる権限を失います。したがって本来被後見人等の死後事務について後見人等は権限を有していません。しかしながら、相続人や家族がいない場合にはやむを得ず法定後見人が死後事務をおこなってきたのが現実です。これらの現状をふまえて2016年4月に民法が改正され、後見人等は限定的に死後事務をおこなうことができるようになりました。

　なお、任意後見の場合には、本人と任意後見受任者の間で死後事務委託契約を別途締結することで、任意後見人が（死後事務委託の受任者として）死後事務を執り行うことができます。言うまでもなく、後見人が親族の場合、親族として死後事務を執り行うことに法律上の制約はありません。

財産管理等委任契約を併用して心身両方の衰えに備える

　任意後見契約と財産管理等委任契約を同時に結ぶ例が増えています。これは、任意後見契約はあくまで精神的障害があってはじめて効力を生じるものであり、身体が不自由な場合には効力は生じません。

本人の身体が不自由なときに財産管理をしてもらいたい場合には、別途財産管理等委任契約が必要になります。したがって、心身のいずれかに衰えが生じた場合を想定して、財産管理等委任契約と任意後見契約を一体化して契約する場合が増えています。当初身体が衰えているときは財産管理等委任契約の効力があり、認知症など精神的障害が生じた時点で財産管理等委任契約は無効になり、同時に（家庭裁判所の審判を受けて）任意後見契約が効力を生じる仕組みにします。この仕組みのメリットは、同一の保護者（当初は財産管理等委任契約の受託者として、後日任意後見人として）が本人の行く末を間断なく見守ることができることです。

地域サービスを活用して身体の衰えをサポートする

　後見制度は精神上の衰えに対する対応であり、身体上の衰えには介護制度などを利用することになります。しかし、介護制度には財産管理は含まれません。

　頭はしっかりしているが足が不自由で金融機関にはなかなか行けないような状態の時に役に立つのが、各地域の社会福祉協議会が運営している"見守り契約"です。これは通帳や保険証等重要書類の保管、金銭の出し入れ等を低料金で請け負うサービスです。

　その他に私企業により高齢者向けの"見守りサービス"事業が展開されています。警備会社による駆けつけや居場所検索、ガス会社による日常の動向チェック、日本郵便による話し相手サービスなど多種にわたります。特に遠隔地に住む高齢者の見守りには気軽に利用できます。

　なお、ご家族が身近にお住まいの場合、金融機関によっては"任意代理"の届出を事前にすることで、ご家族が本人の代わりに預金通帳からの入出金ができる場合があります。ただし、親御さんに判断能力が備わっていることが条件です。精神上の障害が出てきた場合には、法定後見または任意後見を利用しなければなりません。

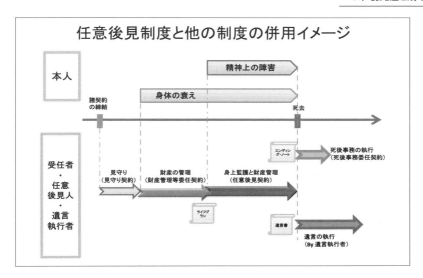

 まとめ

　誰しも年をとると認知症になる可能性が高まります。たとえ認知症にならないまでも判断力が低下して詐欺に引っかかってしまったり、交通事故を引き起こしてしまったりするリスクは大きくなります。

　70代・80代の親御さんの認知症は避けて通れません。認知症は医学的には病気ですが、老化の一つの現象と考えるといつか必ず向き合わなければならないプロセスです。両親が元気なうちに「後見制度をどう活用すべきか」「誰に何を依頼するのか」などを一緒に考えておくといざという時のトラブルを回避できます。認知症は本人にとって耳の痛い話だからこそ、家族でしっかり向き合って話し合う必要があるでしょう。

　そして、認知症にかかったら家族だけで抱え込もうとせずに、介護保険制度を利用して多くの人達の支援を受けましょう。特に自宅介護の場合、予期せぬ事故や被害に遭わないよう防止策を講じることが大事です。万が一に備えて個人賠償責任保険の見直しもしましょう。家庭の状況に応じて、成年後見制度の活用やその他の制度の併用も考えるべきです。

第7章

トラブルのない財産の承継I
－ 遺言書

本章を読んでほしい方
・相続で起こりうる課題を抱えている方
・相続問題の解決策を知りたい方
・遺言のメリットについて知りたい方
・負の遺産の取り扱いを知りたい方

人間はいつか必ず亡くなり、相続が発生します。両親のそしてご自分の相続にかかる問題点・留意点を理解しましょう。そして、遺言書を作って相続で起こりうる問題を未然に防ぎましょう。

1 相続に潜む問題点

 相続にはトラブルが付き物

　相続は誰でも一度は経験するものです。「うちは貧乏だから相続なんて関係ない」と考え何も準備をしていないと、
　　① 残したい人に財産を分けてあげられない
　　② 遺産分割手続で家族に迷惑をかけてしまう
など問題が起こってしまうかもしれません。

　私たちが相続のためにできる準備としては、遺言書の作成が挙げられます。遺言書がない場合、遺産の分割は相続人全員で相談（遺産分割協議）して決めなければなりません。一見簡単な話に聞こえますが、相続人の一人でも反対者がいると相続人全員の合意があったとは見なされず、話し合いは平行線を辿ることになるでしょう。

　実際に相続人全員の同意が得られず、親名義の土地がそのまま何十年間も名義変更がされずに放置されている状況はそれほど珍しくありません。新聞記事によりますと、九州の広さに相当する土地が所有者不明になっているとのことです。つまり、土地の相続が適切になされていないが故に不動産登記簿上の名義人が故人名のままに放置された状態の土地が多くあることを意味しています。こういった事態を避けるために、相続と遺言書について正しい知識を身に付けましょう。

　本章では、まず現行の相続の問題点を提起して、それを踏まえてどのような遺言書を作るべきかを解説します。

問題1　残したい人に財産を分けてあげられない

　相続に関する法律は非常に複雑です。あなたが思う「当たり前」と「現行の法律」は、かけ離れたものになっているかもしれません。常識の範囲内で話し合って財産を分けてほしいなどと、安易に考えていると思わぬトラブルを招いてしまいます。

以下はトラブルの一例です。
・子供がいないのに、奥様が全財産を相続できない
・長年連れ添った内縁の妻に財産を一切残せない
・奥様の連れ子に財産を残せない
・長年世話になった長男の嫁に財産の一部をあげられない
・相続させたくない放蕩息子が財産の大半を要求した
・お父さまが大きな借金を抱えていたことを隠していた
・兄弟に相続放棄をする約束のもと生前に財産の一部を渡していたにも関わらず、相続放棄をしなかった

　家庭裁判所の平成26年度統計によると、家庭裁判所に新たに持ち込まれた遺産分割にかかる案件は13,101件であり、争われた相続財産の規模は約75%が遺産額5千万円以下の案件です。また一年以上の審理期間を要した案件が約30%となっています。つまり遺産額の多寡に関わらず遺産分割上の争いは起きうるわけで、長い期間紛争になる場合もあります。

 問題2　遺産分割手続きで家族に迷惑をかけてしまう

遺産分割手続きは手間が掛かります。遺産分割の手順は以下の通りです。
　①すべての法定相続人を確定する……被相続人（亡くなった方）の出生から死亡までの戸籍謄本（除籍謄本を含む）をすべて取得してすべての法定相続人を確定する
　②全遺産を確定する……被相続人の死亡時における全財産を調べ、確定する
　③遺産分割協議をする……すべての法定相続人が被相続人の遺産分割を協議して、合意に達すれば遺産分割協議書を作成し、署名押印（実印）する
　④調停を申し立てる……遺産分割協議において合意に達しないときは、家庭裁判所に調停を申し立てし、調停において合意を目指す
　⑤審判を申し立てる……相続人の一人でも調停案に同意できないときは、家庭裁判所に審判を仰ぐ。審判書は判決文同様に法的効力を持つ

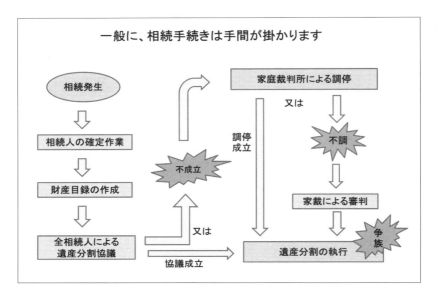

手続きの執行において色々なことが起きます。
・すべての法定相続人を確定する作業は、遺族の家族構成にもよりますが、すべての戸籍謄本を取り寄せるのに長い時は数カ月掛かります
・すべての相続人間で遺産分割協議をすると一口に言っても、その調整は大変です。結婚や転勤などで日本全国に兄弟や子供たちが散っている場合はそれぞれに連絡をとり、それぞれの相続人の意向を確かめなければなりません（私が関与した事例ではブラジルに移住されていた年配の相続人がいました）
・遺産の中には借金も含まれます。銀行や消費者金融から借金をしているなら、早めに調査しておかなければ思わぬ保証問題が生じます
・遺産の分割方法が最も厄介です。土地や家といった財産は、お金のように3分の1ずつ分配することができません。一部の相続人に偏重して遺産を分割しようとすると、他の相続人には**遺留分**（最低限、遺産を相続できる権利）がありますので、分割方法に工夫と調整が必要です

問題③　相続手続きには時間制限がある

　相続人にならない選択肢である相続放棄や一部の財産に限って相続する限定承認などを利用する場合は、死亡を知った翌日から3カ月以内に家庭裁判所に申述書を提出しなければなりません。また、被相続人の所得税の準確定申告は4カ月以内、相続人の相続税の申告と納付は10カ月以内に行わなければなりません。

　遺産分割の協議、葬式やお墓の手配、遺品整理やその他行政手続きなども行わなければなりませんので、4～10カ月はあっという間に過ぎていきます。もちろ

ん、税金の納付期間を過ぎてしまうと追徴課税が課せられるなどさらなる問題も起こってきます。

　以上のように、相続には色々な問題が潜在しています。これらの問題を緩和・解決できるのが遺言書の作成です。

2　遺言書が解決の糸口になる

遺言書を作成するメリット

　遺言書があれば、相続争いを防いだり手続きをスムーズに進めることができたりします。遺言書を作るメリットは大きく二つあります。

メリット①：遺したい人に遺せる
　遺言書があれば、その内容にしたがって遺産分割がされます。遺言の内容は民法による分割方法に優先します。つまり、遺言書があれば相続人全員の協議は必要なく、たとえ一部の相続人が遺言書の内容に不服があったとしても、原則（＝一部の法定相続人の遺留分を侵害しない限り）遺言書通りに遺産分割されます。

　遺言書の存在意義は遺言者の意思が明確に表示されることにあります。遺言書がなければ、遺産分割は相続人間での話し合いに委ねられますが、その結論が必ずしも亡くなった方の意図する内容と合致するとは限りません。
遺言者の最後の意思を尊重する、それが遺言書作成の最大のメリットです。

遺言書があれば……
- 子のいない配偶者に、全財産を遺すことができます。
- 内縁の妻に、財産を遺すことができます。
- 配偶者の連れ子に、財産を遺すことができます。
- 特別の支援を必要とする子へ、多く財産を遺すことができます。
- 長年世話になった長男の嫁に、お礼とねぎらいの証として、財産を分けることができます。
- 放蕩息子へは、少なく財産を遺すことができます。
- 前妻との間の子や、認知した子も含めて、すべての法定相続人に、自分の意思を伝え、円滑な遺産分割を促すことができます。

メリット②：相続手続きを簡素化できる
　遺言書があれば、相続の手続きを簡素化できます。すべての相続人による遺産分割協議を経ることなく、遺言書の内容にしたがって遺産分割できます。特に公正証書遺言を作っておけば相続発生後すぐに相続が執行できるため、ご家族を煩わしい相続人間の調整から解放してあげられます。

3　遺言書には種類がある。

　遺言書の種類は主に次の3種類です。
　　①自筆証書遺言
　　②公正証書遺言
　　③秘密証書遺言

特に自筆証書遺言と公正証書遺言がよく使われているので、この二つについて説明します。

自筆証書遺言
― いつでも書けるが法的有効性と未発見が心配

　全文を自筆で書く遺言書です。遺言書として法的に有効であるためには、以下の3つの条件を満たす必要があります。
　（1）全文が自筆である
　（2）日付（自筆）が書いてある
　（3）署名（自筆）押印がある
このうち一つでも抜けていると、遺言書自体が無効になります。

　自筆証書遺言には色々な弱点があります。
①表現が曖昧だとトラブルになる
　自筆証書遺言はその性質から、通常遺言者自身が一人で書く場合が大半です。その内容が不明確であって各相続人が自己の都合のいいように解釈できる文面の場合、後々相続争いの種に成りかねません。

②遺言書が隠される・疑義が提起される・見つからない
　自筆証書遺言は、ある相続人にとって都合の悪い内容であれば捨てられたり隠されたりしてしまうかもしれません。「本人は認知症を患っていてとても自分の意思ではこのような内容の遺言は書けなかったはずだ」、と相続人が後日疑義を提起してくることもあります。

また見つけてもらえないリスクもあります。以前イギリスで農家の屋根裏を掃除していたら100年以上前の遺言書が発見された旨の報道がありました。子孫にとっては笑えない話です。

③検認手続きが必要

相続発生後、相続人は家庭裁判所に対して自筆証書遺言の＜検認手続き＞の申し立てをしなければなりません。検認済証印のない自筆証書遺言は、不動産や銀行預金等の名義変更手続きを受け付けてもらえません。したがって、自筆証書遺言の場合検認手続きは避けて通れません。
検認手続きは、遺言書発見から2～3カ月かかってしまい、その間遺産分割手続きは進められません。

公正証書遺言 ― 費用はかかるが、心理的負担は軽い

公正証書遺言とは、公証役場で証人2名以上立ち会いのもとで作成される遺言書です。原本は公証役場で保管されます（本人は正本と謄本を受け取ります）。公正証書の場合、家庭裁判所による検認手続きは不要です。

公正証書遺言は遺言者が内容を口授し、それをもとに公証人が作成し、遺言者が署名と実印を押印します。実務的には、遺言者が委託した専門家（弁護士、司法書士、行政書士等）が本人と公証人との間に立って細部を詰めます。細部が決まった後、遺言者は公証役場に赴き、公証人は作成した遺言書を読み聞かせ、その内容に異議がなければ、遺言者は遺言書に署名と実印を押します。手続きは約30分で終了し、遺言者の精神的・物理的負担は軽くなります。

公証人や専門家への報酬など費用がかかってしまいますが、質の高い遺言書を作るためには必要経費と割り切ってしまうことをおすすめします。

公正証書遺言の最大のメリットは法的有効性の担保と手続きの簡素化

　公正証書遺言の最大のメリットは、その内容の法的有効性が担保されていることです。前述のとおり、公正証書遺言は公証人によって作成されます。したがってその書き振りは吟味され、曖昧な表現は避けられ、遺言者の意思が明確に伝わる様書かれています。なお、相続発生前に相続人（相続発生前は推定相続人という）が亡くなってしまうとその相続人にかかる遺言事項は無効になってしまいます。公正証書遺言ではそのような事態も想定した書き振りになっているので安心できます。

　過去に公正証書遺言作成時における遺言者の判断能力の有無を問われた裁判がありました。すべての遺言作成において、遺言者の判断能力の存在は前提条件であることに留意してください。

自筆証書遺言と公正証書遺言の相違点をまとめると、以下のようになります。

	自筆証書遺言	公正証書遺言
作成方法	全て自筆で書き署名押印する	公証役場で証人二人の面前で口述し、公証人が作成する
利点	●いつでも書け！直せる。 ●費用が掛からない。 ●誰にも遺言の内容を知られない。	●家裁の"検認"を要しない。 ●遺言書の存在が明らか。 ●法的有効性が担保。
欠点	●家裁の"検認"が必要。 ●遺言書が見つからない可能性がある。 ●法的有効性が担保されていない。	●費用が掛かる。

また、公正証書遺言を作成することにより、相続発生から遺産分割に至るまでの手続きが大幅に簡素化されます。

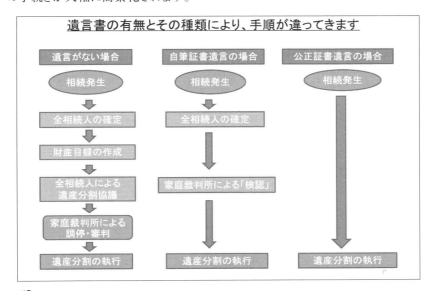

全財産を記録する

当然のことですが、遺言書を作成するためには、遺言者は財産の全貌を把握して記録しておかなければなりません。相続させる遺産に漏れがないようにするためです。遺言書に明記されていない遺産は全法定相続人による遺産分割協議の対象になります。

財産の目録は下記の目的に使用されます。
　①遺言書作成の際の資料とする
　②相続税申告書作成（または提出義務の判断）の資料とする

遺言書がない場合、家族であっても被相続人の全財産を把握することは容易ではありません。もし財産の一部が抜け落ちた状態で相続税申告をし、後日税務調査で未申告の財産が見つかった場合、加算税15％と延滞税14.6％が追徴される可能性もあります。よって全財産を把握しておくことは、遺産分割上および税務上とても重要です。家族の負担を少しでも軽減するためにも、財産の目録を作成して残しておくことは大事です。

遺言書とは別に、以下の項目を網羅した財産目録を作成しておくと家族にとって安心です。

財産目録の記載項目：

金融資産	①金融機関名、②支店名、③口座の種類、④口座番号、⑤通帳等、印鑑の保管場所
不動産	①不動産の所在地（地番で表示）、②できれば、登記事項証明書の写し③権利証・登記識別情報の保管場所
未上場株式	①法人名、住所、出資額（株数、口数等）②法人窓口の連絡先
債権	①債務者の名前と連絡先②債権額③返済条件（利率、返済期日、返済額等）④契約書の保管場所
貴金属・骨董品	①おおよその価値②保管場所
生命保険	①保険会社名、②証券番号、③保険金額④保険証券の保管場所

4 相続人の強い権利（遺留分）には注意が必要

　遺言を書く際に遺留分に配慮しなければなりません。遺留分とは、一定の法定相続人が最低限主張できる相続分です。法律用語では、遺留分減殺請求権と言われています。遺留分は兄弟姉妹以外の法定相続人が持つ法律上の強い権利で、この権利は遺言をもってしても無視できません。

　例えば「全ての財産を妻に相続させる」という遺言があっても、その子供は各々の遺留分を主張できます。

　各法定相続人が主張できる遺留分は、民法で定められた法定相続分の半分（父母のみが相続人である場合は三分の一）です。例えば法定相続人が妻と子供二人の合計3人の場合は以下のようになります。

相続人：	法定相続分：	遺留分：
妻	1／2	1／4
子供 A	1／4	1／8
子供 B	1／4	1／8

遺言者の意思と相続人が主張する遺留分の調整問題を解決する完全な方法はありません。上記の例で言えば、親は放蕩息子Bには遺産を残したくなくても、子供Bは遺留分1／8を主張できます。

遺留分問題の解決策はあるか

遺留分解決の完全な方法はありませんが、少しでも問題を緩和するための方策はあります。
1. 最良の方法は、相続発生前に家族間で話し合っておくことです。自筆証書遺言・公正証書遺言の書式に関係なく、遺言の内容は全家族（放蕩息子も含めて）で話し合いを持ち、納得してもらっておくのが理想です。

2. 一部の家族と長年連絡が途絶えている場合もあるでしょう。その場合には次善の策として、遺言書に付言事項（法的には拘束力がない）を付与して、遺言の内容に至った経緯を書き記して心情に訴えて事後的に納得してもらうことです。

3. 家庭の事情からして対立が免れない状況が予測される場合には、相続発生前に①生命保険を活用する②遺留分放棄をさせる③相続発生一年以上前に生前贈与をしておく、等の手立てが考えられます。これらの点に関しては、その有効性を含めて専門家への相談が必要です。

兄弟姉妹には遺留分はない

亡くなられた方に子供がいない家庭においては、妻と父母（父母がいない場合は、兄弟姉妹）が法定相続人になりますが、兄弟姉妹には遺留分の権利がありません。妻と兄弟姉妹が法定相続人の場合、全財産を妻に遺す旨の遺言は遺留分の侵害を問われることはありません。

遺言が存在する場合、兄弟姉妹は遺留分を主張できませんが、遺言が存在しない場合には兄弟姉妹は法定相続分を主張できます。遺言書の有無によって遺留分か法定相続分の課題に分かれます。いずれにせよ、遺言書の重要性は揺るぎません。

5 負の遺産に留意する

 負の遺産は法定相続分にしたがい分割して承継されます。

相続では、プラスの資産だけでなく、負債（借金）も引き継ぎます。なお、負債は資産と違い、遺産分割協議の対象にはなりません。当然に法定相続分にしたがって分割され相続人に承継されます。遺言書の有無に関わらず、債権者の同意なくして相続人間で負債額を勝手に分割することはできません。

税務申告上、負債額は資産額から差し引くことができます。それ以上に大事なことは負債の存在は資産の遺産分割に大きく影響してきます。公平を期するため承継する負債額に応じて資産を分割する必要があります。

被相続人から債務の詳細を事前に伝えられていない場合、相続人は債務の有無を調べなければなりません。確定債務については、催促状や預金口座からの自動引き落し等の記録からその存在が判明することがありますが、保証債務については金銭の動きもなく、本人以外の家族であってもその存在は分かりにくいものです。最善の方法は本人が存命中に、かつ、判断能力があるうちに債務と債務保証の詳細を家族に伝えておくことです。

債務・保証債務の目録（例）

種類	債務者	債権者	内容	備考
債務	自身	○○銀行 ○○支店	金銭消費貸借	債権者の承認を得た上で、家族間で債務承継者を決めること
賃貸借契約に係る保証	○○花子 （姪＝実兄の長女）	○○不動産（株）	債務者の住居の賃貸借契約にかかる債務	兄○○に連絡して、連帯保証人の変更を依頼すること。
連帯保証	兄○○○○	○○信用金庫	兄の借入金に対する保証	兄に連絡し、金融機関に対して、保証人の免除を交渉してもらう

債務により相続人に承継される?されない?

債務の種類ごとにどのような扱いになるか知っておきましょう。

<u>確定債務</u>＝債務が確定しているもの。
　・可分債務……分割できる債務。例えば借金
　　　　→各相続人が法定相続分に応じて引き継ぎます。
　・不可分債務……例えば借家の引き渡し義務
　　　　→各相続人が義務全体について履行の責任を引き継ぎます。

<u>保証債務</u>＝債務は未確定だが、将来債務が発生する可能性があるもの。
　・特定保証債務……借り入れの保証人になっている
　　　　→各相続人が法定相続分に応じて引き継ぎます。
　・賃貸借契約の保証……（例）アパートの賃貸借契約の保証人になっている
　　　　→債権者の同意を受けて、特定の相続人が引き継ぎます。
　・身元保証……（例）上京している甥（学生）の身元保証人になっている
　　　　→引き継ぎがない（既に発生している損害賠償責任は引き継ぐ）。
　・根保証契約
　　・継続的な売買行為によって生じる代金債務の保証
　　　　（責任の限度額か期間が定められている場合）
　　　　　　　　→引き継ぐ。
　　　　（責任の限度額や期間が定められていない場合）
　　　　　　　　→引き継がない。
　　・貸金等根保証契約（融資に関する個人の根保証）[*1]
　　　　（相続開始時点で確定した元本債務）
　　　　　　　　→各相続人が法定相続分に応じて引き継ぐ。
　　　　（相続開始後の債務の保証）
　　　　　　　　→引き継がない。

(*1)：貸金等根保証債務は、細かい規定があるので詳しくは弁護士にご相談ください。

 ## 債権者の同意を得て特定の相続人が債務を承継する

　被相続人が残した債務は、相続人間で相談して特定の相続人が債務を引き受けるのが一般的です。その場合、相続人間の合意のみでは不充分であり、債権者の同意が必要です。そして債務を特定の相続人が承継し、かつ、他の相続人はその債務を免れることを債権者に同意してもらう必要があります。その同意を書面化したものを免責的債務引受契約書と言います。

　例えば親がアパートローン付きの賃貸アパートを遺した場合、賃貸アパートを相続する相続人は付帯するアパートローンも同時に承継すべきです。そうすることで、

賃貸アパートを相続した人は、賃貸料をもってローンの返済に充てることができます。ローンを貸し出している金融機関もそのように要望するはずです。この場合、相続人全員と金融機関との間で免責的債務引受契約書を交わすことで、新しく賃貸アパートの所有者となる相続人はローン債務を一手に承継して、他の相続人はその債務から免除されます。

相続放棄 ― 相続人の究極の債務の回避方法

　プラスの遺産額と比べて債務や保証債務が多額である場合、一切の債務を回避する相続放棄が有効です。相続放棄は相続開始を知った翌日から3カ月以内に家庭裁判所に相続放棄の申述書を提出しなければなりません。相続放棄とは相続人でなかったことになるので、負の財産のみならず、プラスの財産も含めて一切承継・相続できません。

　相続放棄をするかどうかの判断は各相続人が単独でできます。ここでの留意点は、ある相続人が相続放棄をした場合、民法の定めにしたがい別の親族が新たに法定相続人になることがあります。例えば、独身者が亡くなった場合、相続人は父母です。もし父母が相続放棄をすると、独身者の兄弟姉妹が新たに相続人になります。新たな相続人は、負の財産の承継について改めて判断しなければなりません。言うまでもなく、相続放棄をした者は、相続放棄した旨および遺産の内容を新たな相続人に速やかに知らせるべきです。

6 改正相続法が施行されます

 改正相続法により生存配偶者の保護が強まります

2018年7月13日に民法および関連する法律に改正があり、相続に関する規定が変わります。改正のポイントは以下の通りです。

（1）配偶者に居住権が認められます（2020年7月13日までに施行）
　・被相続人が所有していた居住用住宅に共に住んでいた配偶者に対して、一生涯住み続けることができる配偶者居住権（法律上新しい概念です）が認められます。他の相続人が当該住宅を相続して所有権を得たとしても、配偶者は居住権を得ます。
　・居住権は所有権より低く評価されますので、配偶者はその他の遺産（預貯金など）の取り分が増えます。
（2）配偶者へ贈与・遺贈された居住用不動産は遺産分割の計算から除かれます
　・結婚期間が20年以上の夫婦の場合、被相続人から配偶者へ贈与または遺贈された居住用不動産は遺産分割の計算から除かれます。その他の遺産は遺言書がある場合は遺言書通り、遺言がない場合は法定相続分にしたがって遺産分割されることになります。
（3）亡くなった方の介護をした親族に報いることができます
　・例えば、息子の嫁が生前の義父の介護や看病をしていたとしても、嫁には相続権がありません。今回の法改正により、嫁は被相続人の介護や看病の見返りとして相続人に金銭を要求できます。
（4）法務局が自筆証書遺言を保管することで検認手続きが不要になります（2020年7月13日までに施行）
　・法務局に自筆証書遺言を預けることができます。その際法務局は本人確認と日付や名前の記載・印鑑の押印などの形式要件の確認をします。
　・法務局で保管される自筆証書遺言は検認手続きが不要になります。
（5）自筆遺言書に自筆でない財産目録を添付できます
　・今までは自筆証書遺言はその全文を自筆しなければなりませんでしたが、自筆でない財産目録を添付することが認められます。（2019年1月13日に施行）
（6）金融機関から預金が引き出せます（預貯金の仮払制度）
　・遺産分割協議中でも被相続人名義の預貯金の一部を引き出せるようになります。葬儀費用やその他の急な出費に充てることができます。

今回の改正は、括弧書きで施行年月日の記載のない上記項目については、2019年7月13日までに施行されます。施行前に発生する相続については現行の法律が適用されます。

まとめ

　相続させる財産があり複数の相続人がいるなら必ず遺言書は作るべきです。両親がまだ遺言書を用意していないようなら、**公正証書遺言がおすすめ**と伝え作るよう促しましょう。素人では配慮が難しい遺留分や借金等の扱いも専門家に相談しながら作れます。

　本書では相続の基本的な知識をまとめました。相続財産が多い人は早めに専門家に相談するなど相続問題に向き合いましょう。

法定相続人が24人！

　ある先輩の行政書士が受任した遺産分割の案件で法定相続人が24人いたケースがありました。亡くなられた男性（以下、被相続人）は妻との間に子は無く80代前半で亡くなられました。両親は既に他界しており、遺言書がなかったので、民法にしたがい法定相続人は被相続人の妻と兄弟姉妹になります。なお、この方が生まれた昭和初期当時は兄弟姉妹の数5〜6人が当たり前の時代でした。さらに被相続人の父親は再婚しており、初婚の妻と再婚の妻との間にそれぞれ子を設けており、被相続人の兄弟姉妹（半血兄弟姉妹を含め）の数はなんと10人に達しました。また、兄弟姉妹の中には既に亡くなっている方もおり、その亡くなった方の子が法定相続人（代襲相続人と言います）になります。したがって合計すると法定相続人は24人になりました。法定相続人の年齢層も50代から80代に広がり、住所も関西から北海道にまたがっており、お互い知らない親戚同士が大半でした。また、この案件では行方不明者の失踪宣告の手続きが必要になりました。

　残念なことに一部の法定相続人は遺産分割案に最期まで同意しませんでした。
遺言書がない場合、法定相続人全員の合意がなければ本来遺産分割はできませんが、預貯金の一部引き出しができました。したがって、大半の法定相続人の法定相続分に相当する金額を引き出すことができ、相続発生から約3年後にこの案件は終着しました。もし遺言書があったなら、スムーズに遺産分割がなされていた案件でした。

　私自身が相談を受けた相続案件で上記と似たケースがありました。被相続人は生涯独身を通し、子はいませんでした。被相続人は甥・姪に財産を相続させる旨の自筆証書遺言を残していました。自筆証書遺言の場合、家庭裁判所による検認手続きが必要になります。検認手続きを申し立てるには法定相続人全員を確定して、それぞれに検認手続き開始の通知をしなければなりません。法定相続人の確定作業のなかで被相続人の父親は二度結婚しており、被相続人には半血兄弟姉妹がいることが判明しました。結局、被相続人には、兄弟姉妹（半血兄弟姉妹を含む）と代襲相続人（甥・姪）を含めて14人の法定相続人がいることが分かりました。全法定相続人に対して検認の通知をして、家庭裁判所による検認手続きが終われば、遺産は遺言にしたがって分割するだけです。遺言書があるので遺産分割で兄弟姉妹から異論を挟まれることはありません。相続発生から約半年後に当案件は終了しました。

遺言書を残すこと、さらには公正証書で残すことの重要性を感じた案件でした。

第8章

トラブルのない財産の承継Ⅱ － 家族信託

本章を読んでほしい方
・家族信託を勉強したい方
・遺言や成年後見制度では解決できない悩みを抱えている方
・家族信託の仕組み・メリット・留意点を知りたい方

　遺言や成年後見では解決できない課題を抱えている家庭もあります。最近注目を浴びてきている家族信託はそういうニッチの課題の解決策です。この章では、家族信託の仕組み、メリット、応用、留意点について説明します。

1 成年後見や遺言では解決できない問題

前章で学んだ成年後見や遺言では解決できない問題があります。どのようなケースが成年後見や遺言で解決できないのでしょうか。事例をもとに信託の活用方法を学びましょう。

事例1：精神障害を持つ息子が心配
　佐藤直道（仮名）さんには、二人の子供（長男拓郎と次男高史）がいるが、次男高史には精神障害があり、自分の死後相続財産を維持管理できないことを危惧しています。

事例2：本家から受け継いだ土地を本家に返還したい
　鈴木隆雄さん（仮名）は、妻裕子と二人暮らしで子供はいません。
　そこで隆雄さんは自分の相続発生後は、財産を妻裕子に遺したいと考えていますが、相続財産の一部である不動産は鈴木家に代々引き継がれてきた財産です。裕子さんの存命中はその不動産は裕子さんに使ってほしいけれども、妻が亡くなった後は、鈴木家の本家に返還してほしいと思っています。
この場合妻が、「不動産は鈴木家の○○に遺贈する」旨の遺言書を書けば済む話ですが、将来妻が自分の親族へ財産を遺す旨の遺言書に書き換える可能性もあります。鈴木さんの家系に代々引き継がれてきた財産を妻の死後も自分の親族に確実に引き継がせるにはどうしたらよいか、悩んでいます。

事例3：不動産賃貸事業を存続させたい
　田中一男（仮名）さんは、個人事業主として複数の賃貸不動産を所有しており賃料の徴収、賃借人との交渉、古い建物の修繕や建て替えなど多岐の業務をこなしてきました。最近特に体力の衰えを感じており、将来認知症等になった場合のことも気になり出し始めました。父一男さんの事業を一緒に支えてきた一人娘の幸代さんも同様の危機感を持っています。

事例4：愛犬カブの幸せな暮らしを保証したい
　高橋潤（仮名）さんは年老いて1人暮らし。いずれ老人ホームに入る予定です。気掛かりなのは長年連れ添った愛犬カブの行く末。自分が老人ホームに入ったら、そして自分の死後、私の代わりに愛犬の面倒を親身になってしてくれる人がいるだろうか。

140

2 家族信託で解決する

これらの課題の解決策は家族信託にあります。ではまず、家族信託の基礎となる信託の仕組みについて習いましょう。

 信託とは

「信託」とは、「自分の大切な財産を、信頼できる人に託し、自分が決めた目的に沿って大切な人や自分のために運用・管理してもらうことをいいます。投資信託という言葉はよく聞き慣れていると思いますが、投資信託は投資のプロに自分の資金を預けて代わりに投資・運用してもらう商品です。

 家族信託とは

家族信託とは、本人や家族の生活と福祉を確保するために、そして、家族への財産の承継を確実におこなうために設定する信託です。端的に言うと、家族の福祉の向上と財産承継を目的とする信託といえます。

信託の仕組みには、委託者、受託者、受益者の三者が必ず存在します。委託者や受託者と言っても分かりにくいので、下記の例で考えてみましょう。認知症になってしまった父親の財産を管理するために、長男が父親に代わって管理をする事例が最も分かりやすいのではないでしょうか。

認知症の父（田中太郎）が、認知症になる前に長男（田中一郎）と家族信託契約を結んだとします。

委託者は父親
財産の管理をお願いした委託者は、父親です。

受託者は長男
父親の財産を代わりに管理するという仕事を受けた受託者は、長男です。

受益者は父親
家族信託を活用することによって、助かっている人、利益を受けている人は父親です。(この例のように同一人物が委託者と受益者になることもあります)

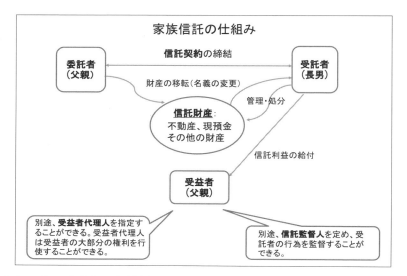

なお、父田中太郎から長男田中一郎に委ねられた財産は信託財産と呼ばれ、田中太郎の所有権から離脱します。信託財産の所有者は"受託者・田中一郎"となります。しかし信託財産は田中一郎の固有の財産にはなりません。あくまで"受託者である田中一郎"が名義上の所有者となります。(税務上の取扱いでは、受益者が信託財産の所有者と看做されます)

家族信託による解決法

では冒頭の4つの課題を家族信託の活用でどう解決するか見てみましょう。

課題1：精神障害を持つ次男が心配の佐藤さん
　佐藤直道（仮名）さんには、二人の子供（長男拓郎と次男高史）がいますが、次男高史には精神障害があり自分の死後相続財産を維持管理できないことを危惧しています。

解決法：信託と成年後見制度を併用します。
　佐藤直道さんを委託者兼当初受益者、信頼できる長男拓郎さんを受託者として、両者間で信託契約を結び、直道さんの財産の一部を信託します。信託の設定後も直道さんは信託財産からの果実の給付を受け続けます。直道さんの死後、次男高史さんは信託財産の受益権を相続して、信託財産の受益者となりその果実の給付を受けます。次男高史さんの死後、信託は終了して残余財産は長男拓郎さんに帰属します。なお、長男拓郎さんが次男高史さんより先に亡くなることに備えて、拓郎さんの次の受託者（後継受託者）を指定しておくのがよいでしょう。

信託はあくまで経済的支援を担保するためのスキームです。したがって、次男高史さんの身上監護が別途必要になります。そのためには次男高史さんの成年後見人を指名する必要があります。実務上は受託者である長男拓郎さんが成年後見人に生活費月次〇万円プラス実費負担額を支払い、成年後見人が次男高史さんのために適時関係各所に支払いをするというような手続きになるでしょう。

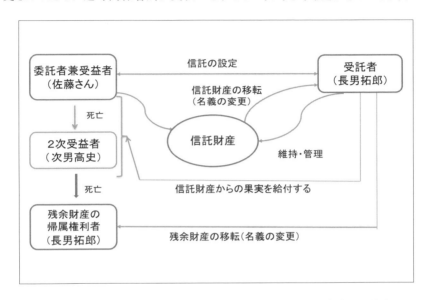

当課題1に関しては、上記の解決法以外にいくつか方法が考えられます。

（1）長男に多くの財産を相続させて、その中から次男の生活費を出費させる。

この方法の問題点は、長男家族の生活費と次男の生活費が同じ財布から支出されるため、将来長男家族の支出が優先されかねません。最悪長男が破産したときは、次男の生活費が捻出できなくなります。つまり、この方法では次男の生活資金の確保が担保されません。

（2）遺言で財産を次男に相続させて、長男は成年後見人として次男の財産の維持管理をおこない、その中から次男の生活費等を出費する。

成年後見人の立場から次男の財産の積極的運用ができない欠点があります。また、次男に相続が発生したときにその財産の帰属が事前に分からないことです。佐藤さんには一族内で財産を一括して承継させたい意思があることを前提に考えると、この方法は最善とは言えません。

課題2：本家から受け継いだ土地を本家に返還したい鈴木さんの事例

鈴木隆雄さん（仮名）は、妻裕子と二人暮らしで子供はいません。隆雄さんは自分の相続発生後は全財産を妻裕子さんに遺したいと考えています。しかし、財産の一部である不動産は、鈴木家に代々引き継がれてきた財産です。裕子さんの存命中はその不動産は裕子に使ってほしいけれども、亡くなったら鈴木家の本家に返還してほしいと願っています。夫の家系に代々引き継がれてきた不動産を妻の死後夫の親族に引き継がせるにはどうしたらよいか悩んでいます。

解決法：鈴木さんは自分を委託者、親族である雅男さんを受託者とする信託契約を結びます。鈴木さんは所有する不動産その他の財産を信託します。当初は、鈴木さん自身が信託財産の受益者になります。鈴木さんの死後、妻裕子さんは信託財産の受益権を鈴木さんから相続して、受益者として信託財産からの果実を受け取ります。裕子さんの死後信託契約は終了し、信託財産に含まれていた不動産その他の財産は鈴木さんの親族に引き継がれます。

　このスキームでは、信託契約の締結後、鈴木隆雄さんは設定された信託財産の受益権（＝果実の給付を受ける権利）を取得します。そして、今まで通り鈴木さんは財産（従来は不動産等、今後は信託財産）からの果実の給付を受け続けます。鈴木さんの相続発生後、妻裕子さんは信託財産の受益権を相続します。このスキームの肝は、**裕子さんは**不動産やその他の財産自体ではなく、それらで構成された**信託財産の受益権を相続**することです。受益権者である裕子さんは信託財産からの果実の給付を受けることで存命中の生活は保障されます。裕子さんの死後、信託契約は終了し、残余財産の所有権は夫の親族に移転することになります。

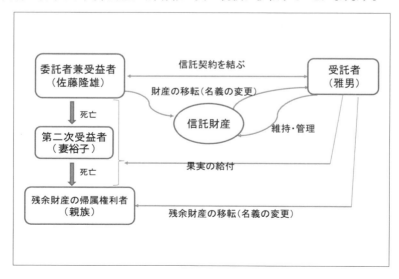

この事例は、現在の妻の死後、先妻との間に生まれた子に財産を継がせたい場合にも応用できるスキームです。この事例において残余財産の帰属権利者を先妻との間の子に置き換えればスキームは完成します。

このように信託を設定することで、**実質的に自分の財産の相続人を連続して指定することが可能**になります。遺言書では実現不可能なスキームです。

課題3：不動産賃貸事業を存続させたい田中さん

設定：田中一男さんは、個人事業主として複数の賃貸不動産を所有しており賃料の徴収、賃借人との交渉、古い建物の修繕や建て替えなど多岐の業務をこなしてきました。最近特に体力の衰えを感じており、将来認知症等になった場合のことも気になり出し始めました。父一男さんの事業を一緒に支えてきた一人娘の幸代さんも同様の危機感を持っており、成年後見制度の活用を検討しました。しかし成年後見人制度下では積極的な不動産事業の展開はできないと考え、どうしたらよいかと悩んでいます。

解決法：田中一男さんを委託者兼受益者、長女幸代さんを受託者として、両者間で信託契約を結びます。一男さんは保有する賃貸用不動産を信託します。信託契約書には事業の運営方法等を明記して受託者幸代さんの権限を明確にしておきます。信託設定後受託者幸代さんは不動産賃貸事業を引き継ぎ、父が認知症に罹ったあとも従来通りの事業運営を継続します。その間事業からの果実の給付は田中一男さんが受け取ります。父一男さんの死をもって信託は終了し、残余財産は長女幸代さんに帰属します。

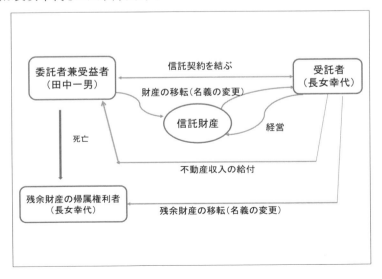

ここでの肝は信頼できる長女幸代さんを成年後見人ではなく、家族信託の受託者にすることです。成年後見人は、原則財産の保全が目的であり積極的に事業を展開できません。何かにつけ、成年後見監督人や家庭裁判所の許可が必要になります。一方、家族信託の受託者は信託目的（＝委託者の意向）にしたがって自由に事業を展開できます。父一男さんが認知症に陥った後も、長女幸代さんは従来どおり事業の展開ができます。将来一男さんが施設に入所することになったときは、アパートを売却し、売却代金を持って施設の入居費用に充てることができます。信託契約にしたがい、一男さんの死後信託は終了し、残余財産は長女幸代さんに引き継がれます。

課題4：愛犬カブの幸せな暮らしを担保したい高橋さん

設定：高橋潤（仮名）さんは年老いて1人暮らし。いずれ老人ホームに入る予定です。気掛かりなのは長年連れ添った愛犬カブの行く末です。自分が老人ホームに入ったら、そして自分の死後、私の代わりに愛犬の面倒を親身になってしてくれる人がいるだろうか自身のこと以上に気にかけています。

解決法：高橋さんは自分を委託者、信頼できる近所の木村さんを受託者、愛犬養護施設・老犬ホーム ワンの会を受益者とする信託契約を結びます。高橋さんは愛犬の介護にかかる一切の費用相当額を木村さんに預け、木村さんは愛犬養護施設・老犬ホーム ワンの会に愛犬の介護にかかる費用を定期的に支払います。また、木村さんは定期的に施設に赴き、介護が行き届いていることを確認します。

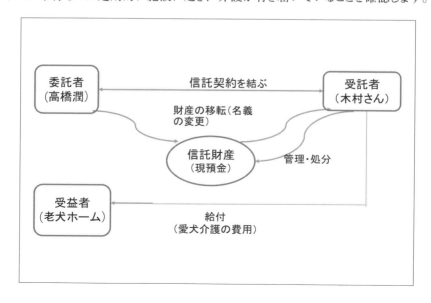

法律上愛犬自身を受益者にはできません。したがって受益者は愛犬を看護する施設とします。受託者は定期的に愛犬看護のための費用を施設に支払い、かつ施設の運営状況を見守る必要があります。また。月に一回、高橋さんの入居施設に愛犬カブを連れて来るなどを信託契約に明記するのもよいでしょう。委託者である高橋さんが認知症になった後も、愛犬カブには清潔で憂いのない日常生活を担保できます。

この例では述べていませんが、高橋さん死後の委託者の指名、愛犬カブの死後の信託の終了、およびそれに伴う残余財産の帰属についても信託契約のなかに明記しておかなければなりません。

3 家族信託のメリットと留意点を確認する

信託のメリットを整理します。

委託者は、
① 信託された財産を委託者の固有の財産から分離できます。つまり、委託者の相続財産から除かれます。委託者は財産を供出する見返りに、信託財産の受益権を取得します。なお、信託財産は受託者の固有の財産とは区別されるので、受託者が破産しても破産財産には含まれません。
② 自分が将来認知症有病者になったときも、今まで通りの事業形態の継続を受託者に委ねることができます。
③ 自分の相続発生後における承継者（＝受益者）を指定できます。（承継者の連続指定が可能）
④ 自分の死後、知的障害者・認知症有病者の子等の生活を維持するため、成年後見人の権限を越えた財産の管理・運用が可能になります。

受託者は、
① 成年後見人の場合の財産保全目的と異なり、信託目的にしたがい自由に信託財産を運用できます。
② 成年後見人と異なり、信託財産の運用にあたりいちいち成年後見監督人や家庭裁判所の指示を仰ぐ必要がありません。

受益者は、
① 財産の運用管理等に煩わされることなく、信託財産からの給付を受けて安定した生活・福祉を確保できます。

税務上の取り扱い

　税務上、受益者は信託財産の所有者とみなされます。したがって死亡により受益者が替わる度に相続があったとみなされ、新しい受益者に相続税が課せられます。信託財産からの収入に対しては所得税が受益者に課せられます。

　なお、不動産が信託された場合、登記上の名義人は委託者名から受託者に替わります。この際、不動産取得税は免除され、登録免許税は軽減税率（0.4%）が課せられます。税務は信託では非常に大事な要素です。信託設立においては信託法に詳しい税理士の関与が必須です。

信託活用上の留意点

　家族信託の活用においては、以下の点に留意すべきです。
① 本当に信託の活用が必要なのか吟味する。遺言と成年後見制度だけで目的を果たすことはできないのか、充分に吟味する必要があります。
② 信託の設立には多くの専門家の支援が必要になります。家族信託は比較的新しい分野ですので相談できる専門家は一部の弁護士、司法書士等に限られます。
③ 費用がかかります。
④ 状況に応じた信頼のおける受託者を見つけるのが難しい。
　（受託者は、その業務を第三者に委託することで業務負担を軽減することは可能です）
⑤ 成年後見人制度下において発生している後見人による不正行為が、家族信託の受託者にも発生する可能性は否定できません。そのためには、受益者代理人または信託監督人の指名が望まれます。
⑥ 知的障碍者や認知症有病者が受益者となる場合、身上監護は民事信託の範疇外なので、成年後見制度との併用が必要になります。

信託銀行の紛らわしい"信託"商品

　　信託銀行が"○○信託"商品を推進販売しています。これらはあくまで商品名であり、信託法で定められた信託ではありません。

　例えばある大手信託銀行は、"遺言信託"のサービスを提供していますが、①公正証書遺言書の作成、②公正証書遺言書の保管、③相続発生時において遺言執行者として遺産分割の手続き業務をおこなうサービスです。
　この信託銀行の"遺言信託"とは遺言と遺産分割にかかるサポート業務であり、信託法で定められた信託財産の受託業務とは違います。
　信託銀行の提供するサービスについては、そのサービス内容をしっかり理解し報酬料の妥当性を考慮した上で、サービスを受ける是非を検討してください。

まとめ

　家族信託は残された家族の生活支援や財産・事業のスムーズな承継を目的としており、後見制度や遺言だけでは、解決できない複雑な問題を家族信託で解決できるかもしれません。

　まず遺言と成年後見制度の活用で問題が解決できるかどうか考えましょう。それから家族信託を利用すればどのようなことができるか考えてみてください。遺言、成年後見制度、家族信託の組み合わせのなかに必ずお悩みの解決策があるはずです。

第9章

相続税

本章を読んでほしい方
・相続税の仕組みを知りたい方
・自分の相続にかかる相続税額を知りたい方
・節税方法を知りたい方

一昔前のバブル時代の相続対策は、すなわち相続税対策でした。2015年1月に相続税が増税された現在でも、相続税の負担は遺産分割にも影響を及ぼしかねない大事なテーマのひとつです。この章では相続税と節税について勉強します。読者の皆さんは専門家になる必要はありません。しかし、基本を理解しておくことは、相続税対策を考える上で非常に有効な知識になります。

1 相続税のあらまし

相続税はお金持ちだけの問題ではない

　相続において気を付けなければならないのは、相続税です。国税庁の統計によると、相続税の基礎控除額が6割に減額された2015年の課税対象相続人数は10万3千人になり、前年度の5万6千人からほぼ倍増しました。同年の死亡者数は約131万人でしたので、死亡者数に対する課税割合は約8％になります。地価の高い首都圏においてはこの割合はもっと大きいと考えられます。

　この章は初めて税法について学ぶ方にはちょっと重荷に感じるかもしれませんが、そのうち慣れてきます。また、似た文言の税務用語が多用されますが、あまり気にせずこの章を読み進めてください。要は、細かい計算等は専門家である税理士に任せればよいのであって、あなたは相続税の全体像を把握しておけばよいのです。そういう目的でこの章を書き上げました。

相続税はかかる？ かからない？

　相続税は、3,000万円＋法定相続人の人数×600万円超の相続財産がある場合にかかります。仮にお母さまがご存命でお父さまが亡くなってしまったと仮定しあなたが一人っ子の場合は、遺産の評価額が4,200万円（＝3,000万円＋600万円×2）までなら相続税はかかりません。

　ここで相続財産は、現預金だけを指すのではありません。持っている土地や建物、価値のある美術品、生命保険金などすべてを合算して考えなければなりません。

相続財産の評価は原則時価評価で行う

　相続税法上、相続財産に含まれる各資産は以下の方法で評価されます。原則、財産は時価評価します。ただし、土地は路線価方式（または倍率方式）で建物は固定資産税評価額をもって時価とみなします。

　　　・現金、預貯金、　　　→ 時価
　　　・有価証券　　　　　　→ 時価
　　　・債権、会員権等　　　→ 時価
　　　・不動産：土地　　　　→ 路線価方式（または倍率方式）
　　　　　　　　建物　　　　→ 固定資産税評価額

152

9章 相続税

相続税法上の相続財産の範囲は広い

　相続財産を計算する際注意したいのは、その範囲です。相続財産は、亡くなった人（以下被相続人）が所有していた財産というイメージがありますが、それだけではありません。
次の資産も含まれます。
　　①相続開始前3年以内に法定相続人及び受遺者が受けた贈与財産
　　②相続時精算課税制度の適用を受けた贈与財産
　　③死亡保険金・死亡退職金（いわゆる"みなし相続財産"）

　相続開始前3年以内に相続財産を取得した者が被相続人から受けた贈与は遺産に含まれることに注意してください。また、死亡保険金や死亡退職金は厳密には被相続人に帰属する財産ではありませんが、相続発生を起因として相続人に帰属することになるので、相続税法上はみなし相続財産として相続財産に含まれます。

お墓は生前に立てておくと節税になる！

　下記の財産は相続税課税対象から除外されます。
　　①祭祀財産（系譜、仏壇、墓碑、墓地など）
　　②死亡保険金の非課税枠（法定相続人一人当たり500万円限度）
　　③死亡退職金の非課税枠（法定相続人一人当たり500万円限度）

死亡保険金や退職金の非課税枠に関しては、あることを知っているだけで十分ですが、祭祀財産に関して工夫の余地があります。

　仮にお父さまが亡くなってから、相続したお金で墓地を立てようと考えていると、相続するのは祭祀財産（お墓など）ではなく、現預金等になるため相続税がかかります。一方生前にお墓を立てておけば、祭祀財産となるので相続税はかかりません。

相続財産から葬儀費用を差し引ける

　相続財産から葬儀費用を支払うことで、相続財産を少なくすることができます。葬儀費用には通夜・葬儀に掛かった費用、お寺に対するお礼などがあります。一方、香典返しの費用、墓石・墓地購入費や初七日・法事の費用は葬儀費用に含まれません。

153

あなたの払う相続税を計算する

相続税の税率は、各相続人が受け取る財産の額によって違います。

【平成27年1月1日以後の場合】 相続税の速算表

法定相続分に応ずる 取得金額	税率	控除額
1,000万円以下	10%	―
3,000万円以下	15%	50万円
5,000万円以下	20%	200万円
1億円以下	30%	700万円
2億円以下	40%	1,700万円
3億円以下	45%	2,700万円
6億円以下	50%	4,200万円
6億円超	55%	7,200万円

仮にお父様の遺産1億円をお母様とあなたが均等に相続したとすると、あなたは385万円の相続税を納めることになるかもしれません。

その詳しい計算方法を以下の例題で確認しましょう。

被相続人：山田一郎
相続人： 山田良子（妻）
　　　　 山田太郎（長男）

税法上の総財産：
現金・預金・株式等	3,350万円
土地・建物	7,000万円（内訳：土地5,000万＋建物2,000万）
生命保険金	400万円（保険金1,400万円－控除額500万円×2人）
負債（借金等）	－600万円
葬儀費用	－150万円
遺産の総額	10,000万円

遺産の総額	10,000万円
基礎控除	4,200　　（3,000＋600×2人）
課税遺産総額	5,800

次に、課税遺産総額5,800万円を法定相続分で分割します。
　法定相続分に応ずる取得価額：
　　妻良子：　　　　5,800万×1／2（法定相続分）＝2,900万円
　　長男太郎：　　　5,800万×1／2（法定相続分）＝2,900万円

各人の取得価額に対する相続税額を計算します。（相続税の速算表を参照）
　　妻良子：　　　　2,900万×15％−50万＝385万円
　　長男太郎：　　　2,900万×15％−50万＝385万円
　　　　　　　　　　相続税の総額　770万円

　相続税の総額770万円は各人が取得する財産の割合に応じて負担することになります。もし、法定相続分にしたがって財産を分割したと仮定すると、各相続人が支払うべき相続税は上記と同じ金額になります。

　ただし配偶者（良子さん）の得る取得価額の1億6,000万円分までに対する相続税には税額控除が適用されます。（相続税の配偶者控除を適用：P159を参照）

したがって各人が支払うべき税額は最終的に、

　　山田良子（妻）　＝　　0万円
　　山田太郎（長男）＝385万円
　　　　　　　合計　　385万円
となります。

相続税のあらまし

後述する様々な節税対策を相続発生前または発生後に講じることで、上記の相続税を減額することが可能になります。

今までの説明を視覚に訴えられる様、図式化しました。

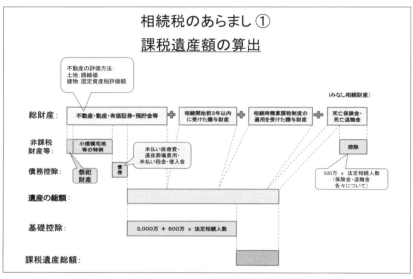

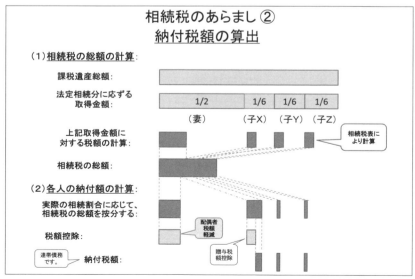

2 知っておきたい節税の制度

　本来は、節税対策だけで一冊の本になってしまうほど、広範囲に及ぶ話題ですが、ここではどのような節税対策があるのかご紹介に留めます。詳しくはその分野の専門家である税理士に個々の事例にかかる詳細の確認が必要になります。ここでは、知っておきたい7つの相続および贈与に関連した制度をご紹介します。

　　① 養子縁組をする
　　② 小規模宅地等の評価減
　　③ 相続税の配偶者控除
　　④ 配偶者へ居住用不動産を一括贈与したときの配偶者控除
　　⑤ 教育資金の一括贈与の非課税制度
　　⑥ 結婚・子育て資金の一括贈与に係る贈与税の非課税措置
　　⑦ 住宅取得等資金の贈与

（1）養子縁組をする

　特に珍しい相続対策ではありません。よく知られている方法です。基礎控除額が2015年1月1日から法定相続人1人当たり600万円に下がった現在でも、養子縁組の節税効果は小さくありません。なお、税務上認められる養子の数には制限があります。実子がいる場合は一人まで、実子がいない場合は二人までとなります。

　例えば先述した山田家の相続事例において、亡くなられた山田一郎さんに孫養子が1人いたとしましょう。そうすると、法定相続人は3人になり各自の相続分と相続税額は以下のようになります。

税法上の総財産：

現金・預金・株式等	3,350万円
土地・建物	7,000万円（内訳：土地5,000万＋建物2,000万円）
生命保険金	0万円（保険金1,400万円−控除額500万円×3人）
負債（借金等）	−600万円
葬儀費用	−150万円
遺産の総額	9,600万円

遺産の総額	9,600万円
基礎控除	4,800（3,000＋600×3人）
課税遺産総額	4,800

次に、課税遺産総額4,800万円を法定相続分で分割します。

157

法定相続分に応ずる取得価額：
妻良子：　　　4,800万×1／2（法定相続分）＝2,400万円
長男太郎：　　4,800万×1／4（法定相続分）＝1,200万円
孫養子A：　　4,800万×1／4（法定相続分）＝1,200万円

各人の取得価額に対する相続税額を計算します。（相続税の速算表を参照）
相続税額：
妻良子：　　　2,400万×15％－50万＝310万円
長男太郎：　　1,200万×15％－50万＝130万円
孫養子A：　　1,200万×15％－50万＝130万円

法定相続分に応じて遺産分割したと仮定すると、各人の相続税額は上記の通りになり、さらに相続税の配偶者控除と孫養子に対する相続税の2割加算を考慮すると各相続人が支払うべき相続税は以下の通りになります。

	配偶者控除	2割加算	税負担額
山田良子（妻）＝310万円	－310万		0万円
山田太郎（長男）＝130万円			130万円
山田A（孫養子）＝130万円		＋26万	156万円
		合計	286万円

結果として、養子縁組をすることで、相続税の総額が385万円から286万円に99万円（約26％）減額されます。

（注：2割加算＝孫養子が相続財産を取得したときは、その者の相続税は2割加算される。）

（2）小規模宅地等の評価減

　被相続人の自宅の敷地、事業用店舗の敷地または貸付事業用建物等の敷地に関して、一定の面積まで相続税評価額が減額できます。例えば被相続人の配偶者が自宅の敷地を相続した場合、330平米まで宅地の評価額を80％減額できます。これは自宅をお持ちの家庭にとって、非常に大きな相続税負担の軽減に繋がります。なお、この節税制度を利用するためには、結果として相続税額がゼロになるとしても、相続税申告書の提出が必須になります。

　山田家の相続事例を用いて小規模宅地等の評価減の活用がどのように相続税額に影響するのか見てみましょう。

山田良子（妻）は夫の亡き後も引き続き自宅に住み続け、土地・建物を相続したとします。したがって小規模宅地等の評価減の特例を活用でき、土地の評価額は80％減額されます。

9章 相続税

遺産の総額は以下のように変わります。

税法上の総財産：

現金・預金・株式等	3,350万円	
土地・建物	3,000万円	（内訳：土地5,000万×20%＋建物2,000万円）
生命保険金	400万円	（保険金1,400万円－控除額500万円×2人）
負債（借金等）	－600万円	
葬儀費用	－150万円	
遺産の総額	6,000万円	

課税価格	6,000万円
基礎控除	4,200万円（3,000＋600×2人）
課税遺産総額	1,800万円

次に、課税遺産総額1,800万円を法定相続分で分割します。
法定相続分に応ずる取得価額
妻良子： 1,800万×1／2（法定相続分）＝900万円
長男太郎： 1,800万×1／2（法定相続分）＝900万円

各人の取得価額に対する相続税額を計算します。（相続税の速算表を参照）
相続税額
妻良子： 900万×10%－0万＝90万円
長男太郎： 900万×10%－0万＝90万円

法定相続分に応じて遺産分割をしたと仮定して、配偶者に対する税額控除を考慮すると、各相続人が支払うべき相続税は以下のようになります。

		税額控除	税負担額
山田良子（妻）	＝90万円	－90万	0万円
山田太郎（長男）	＝90万円		90万円
		合計	90万円

　自宅の土地を配偶者が相続することで小規模宅地等の評価減の特例を活用でき、結果として相続税の総額を385万円から90万円に減額できます。

（3）相続税の配偶者控除
　被相続人の配偶者の課税価額が法定相続分以内、または1億6,000万円以内の場合（つまり最低1億6千万円までは）、配偶者の納付する税額はゼロになります。したがって、配偶者への遺産分割割合を多くすることで、相続税の総額を減らすことができます。この優遇策も小規模宅地等の評価減の制度と同様に、配偶者

159

の税負担を大きく軽減できます。（具体的には上記の山田家の相続の事例で説明しました）

　留意点はいずれ発生する二次相続（妻良子の相続）との関連です。配偶者に偏重した遺産配分にしてしまうと配偶者から子供への二次相続において相当の相続税を支払うことになってしまいます。したがって配偶者が相続する遺産額をあえて少なくしておく（＝父親から子供への遺産額を増やしておく）算段も考えるべきです。厳密な節税対策には、一時相続と二次相続を合わせた総合的な判断が必要で、税理士の関与が必須です。

（4）配偶者へ居住用不動産を一括贈与したときの配偶者控除

　婚姻期間が20年以上の配偶者へ居住用不動産（またはそれを取得するための資金）を2,000万円まで無税で贈与できます。居住中の建物・敷地の場合、固定資産税評価額・路線価格で評価されるので、時価2,000万円以上の建物・土地の贈与が無税で贈与できます。居住用不動産の生前贈与の手続きをして、その分相続財産を減らして相続税の軽減を図ってください。

　上記の山田家の事例でいうと、婚姻期間20年以上の山田一郎氏が生前中に妻良子さんに建物（固定資産税評価額2,000万円）を無税で贈与します。一郎氏の相続が発生した時点での遺産の総額は、8,000万円になります。
よって相続税の総額は235万円となり、385万円から145万円の減額になります。

（5）教育資金の一括贈与の非課税制度

　直系尊属（祖父母）から30歳未満の子（孫）への教育資金の贈与は、上限1,500万円まで贈与税が無税です（2019年3月31日までの時限立法）。金融機関との契約やその後の手続きなど多少手間が掛かりますが、相続税対策としては有効です。
　万が一贈与者に相続が発生した場合でも、その時点での未使用の教育資金に対して受贈者に相続税は課せられませんので、一括で大金を無税で贈与できる便利な制度です。なお、子（孫）が30歳になった時点で未使用の教育資金の残額には贈与税が課税されます。

　教育資金の一括贈与に関する考慮点としては、①自分の生活が苦しくなっても後日払い戻しはできない②一括贈与でなく、都度贈与したほうが何度も孫の笑顔がみられる③すべての孫を平等に扱い不平等を生じさせない等があります。

（6）結婚・子育て資金の一括贈与の非課税措置

　直系尊属（祖母）から20歳以上50歳未満の子（孫）への結婚・子育て資金の贈与は上限1,000万円まで贈与税は無税です（2019年3月31日までの時限立法）。

9章 相続税

　教育資金の一括贈与との大きな違いは、贈与者に相続が発生した場合その時点での未使用の資金残高に対して受贈者に対して相続税が課せられることです。したがって、一括贈与しても、つど贈与しても最終的には税負担に違いはなく、効果のある節税対策とは言えません。実際、信託銀行での同制度に係る契約件数は、教育資金の贈与にかかる契約件数と比べて、非常に少ないのが実情です。（効果のある節税対策との誤解を避けるためにあえてここに書きました）

（7）住宅取得等資金の贈与
　直系尊属から20歳以上の子（または孫）への住宅取得等資金の贈与は一定額（2018年度は一般住宅700万円；良質住宅1,200万円）まで贈与税は無税です（2021年12月31日までの時限立法）。

上記のいずれの節税対策も諸条件が揃わないといけません。詳細について税理士との綿密な事前の打ち合わせが重要です。

　お気付きになられた読者もおられるかと思いますが、配偶者への居住用建物の贈与と小規模宅地等の評価減の特例を活用することで、山田家の課税遺産総額はゼロになり、相続税をゼロにすることができます。

つまり、妻への居住用建物の贈与と小規模宅地等の評価減を活用した場合：

税法上の総財産：
現金・預金・株式等　　　3,350万円
土地・建物　　　　　　　1,000万円（内訳：土地5,000万×20%＋建物0）
生命保険金　　　　　　　　400万円（保険金1,400万円−控除額500万円×2人）
負債（借金等）　　　　　−600万円
葬儀費用　　　　　　　　−150万円
　　　　遺産の総額　　　4,000万円

遺産の総額　　　　　　　4,000万円
基礎控除　　　　　　　　4,200万円（3,000＋600×2人）
課税遺産総額　　　　　　　　　　0

　ポイントは建物の妻への贈与は一郎氏の生前中に実行することです。事前のタックスプラニング（税務計画）が必須である所以です。

161

知っておきたい相続・贈与に関する税制を以下にまとめました。

知っておきたい相続・贈与に関連する税制

養子縁組をする：
概要：養子縁組をすることで遺産に係る基礎控除額を600万円増やし、且つ、生命保険金の非課税枠を500万円増やす。

なお、税法上、実子がいる場合は養子一人、実子がいない場合は養子二人まで認められる。また、養子の戸籍に養子縁組の記載がされるか、又は戸籍が変動する。

相続税の配偶者控除：
概要：配偶者の相続額が法定相続分以内、又はその課税価格が16,000万円を超えない限り、配偶者が納付する税額はゼロになる。

小規模宅地等の評価減：
概要：被相続人の自宅の敷地、事業用店舗の敷地、又は貸付事業用建物等の敷地に関して、一定の面積まで、相続税評価額を減額する。

（例）配偶者が取得した場合、330平米まで 宅地の評価額を80%減額する。

配偶者への居住用不動産の贈与の特例：
概要：居住用不動産又は居住用不動産を取得する為の金銭を、2,000万円まで無税で、配偶者に贈与できる。

要件：①婚姻期間20年以上。
　　　②贈与の翌年3月15日までに居住

結婚・子育て資金の一括贈与：
概要：直系尊属から20歳以上50歳未満の子・孫への結婚・子育て資金の贈与は、1,000万円まで無税。

期限：2019年3月31日までの贈与
要件：①金融機関との契約

教育資金の一括贈与：
概要：直系尊属から30歳未満の子・孫への教育資金の贈与は、1,500万円まで無税。

期限：2019年3月31日までの贈与
要件：①金融機関との契約

住宅取得等資金の贈与：
概要：直系尊属から20歳以上の子孫への住宅取得等資金の贈与は一定額（2018年度の場合：一般住宅700万円；良質住宅1,200万円）まで無税。
期限：2021年12月31日

平成31年度税制改正

　信託協会は2018年9月20日付で平成31年度税制改正要望を発表し、そのなかで教育資金の一括贈与及び結婚・子育て資金の一括贈与に係る非課税制度の適用期限（現在、期限は2019年3月末）の延長を主要要望項目に掲げています。

　平成31年度税制改正案は2019年3月末には国会にて成立・公布される予定ですが、上記の非課税制度が税制改正案に含まれるかどうか今後の行方が注目されます。

まとめ

　相続税を考える際は「3,000万円+法定相続人の数×600万円」の計算式に当てはめて、相続税がかかる可能性があるかどうかを知りましょう。少しでも相続税を払う可能性があると感じたなら、本書で紹介している節税法を実践できるか検討を始めましょう。相続税対策は一朝一夕でできません。年単位で準備が必要な節税方法もありますので、手遅れにならないよう今から考えてみましょう。言うまでもなく税理士の関与は必須です。

アパート経営で相続税対策!?

　アパート経営をすることで相続税を大幅に減額できる話をよく聞きます。特に地主さんに対して建築業者が計画案を持ち掛けるケースが多いようです。一般サラリーマンに対して、「私的年金になる」「生命保険代わりになる」「節税になる」といった触れ込みでアプローチしてきます。ではまず、アパート経営参入による相続税減額の仕組みについて理解しましょう。

現状：　土地を所有（路線価額5千万円；借地権割合70%とする）
計画案：　借入れ（5千万円）をおこし、所有地上にアパート（建築費5千万円）を建て全室をサブリースをする。

計画案実行後の土地と建物の相続税評価額は以下の通りとなります。
　　　①土地の評価額（＝貸家建付地評価額）
　　　　＝自用地評価額－（自用地評価額×借地権割合×借家権割合）
　　　　＝5,000万円－（5,000万円×70%×30%）
　　　　＝5,000万円－1,050万円＝3,950万円

　　　②建物の評価額（＝貸家評価額）
　　　　＝固定資産税評価額－固定資産税評価額×借家権割合
　　　　＝（5,000万円×70%）－（5,000万×70%）×30%
　　　　＝3,500万－1,050万＝2,450万円

したがって、計画案実行前と後の相続税評価額の合計額は、
　　　　　　　土地評価額　＋　建物評価額　　－　　借入金　　＝　　合計額
　　実行前：　5,000　＋　　0　　　　－　　0　　＝　5,000万円
　　実行後：　3,950　＋　2,450　　　－　5,000　＝　1,400万円

となり、この例では実に3,600万円も相続税評価額が下がります！　相続税の確保に頭を悩ましている方には嬉しい話です。

　しかしここで注意しないといけないのは、このアパート経営は事業として成り立つのかということです。今までアパート経営に全く携わったことのない方は、今後30年間の資金計画書、提携金融機関によるフルローン（建築費の全額融資）の紹介、サブリースによる長期間の家賃の固定化、管理会社が全ての管理業務をおこなう等旨の説明を受けて、建築業者の計画案を全面的に受け入れてしまいがちです。(少なからず「かぼちゃの馬車」を彷彿させます)
　実際に大規模なアパート経営で成功している地主さんもいらっしゃいますが、この方達は、相続対策というよりアパート経営を事業として捉えて毎日業務に勤しんでいる方々です。

　一般の方が陥り易い思考は、アパート経営を「投資」として捉えてしまうことです。金融資産運用においては投資という言葉は適正でしょうが、アパート経営は投資ではありません。「事業」です。それも20年、30年間の長期にわたる事業です。その間には家賃の下落、

競争激化による空室、修繕費用の増加など、当初想定していないことが起こりえます。これらの変化に対して管理会社は何ら対応でません。助言はしてますが助言に基づく出費はすべて家主負担になります。相続税対策以前にアパート経営が事業として成り立つのかどうかを見極める必要があります。単に土地を持っているだけの理由でアパート経営に走るのは拙速です。その土地の立地、環境等がアパート賃貸にふさわしくないこともあります。

　不動産賃貸事業は、投資金額（＝借入金額）が大きく、長期間にわたり、それなりのノウハウも必要になります。まずは自分でしっかり勉強して、不動産に詳しい第三者の意見を聞き、慎重に行動することが肝要です。

（注：借家権割合は全国一律で30%、建物の固定資産税評価額は建築費の約70%、借地権割合は70%と想定した）

第 10 章

家族のための終活

本章を読んでほしい方
・終活で何をすべきか知りたい方
・終活を始めたい方
・家族との絆を深めたい方
・人生を振り返りたい方

終活は余命短い方だけの課題ではありません。50代を過ぎたらすべての方が始めるべきことです。終活を通じて人生のリセットができ、後半生を生きる糧が得られます。家族との絆も深まります。終活はどうあるべきか改めて考えてみましょう。

1 終活はいつする？今でしょ！

 終活は50代になったらする

　人生最後の仕事は終活と言われています。最近話題になっており関連する書物がたくさん出版されています。そのほとんどがエンディング・ノートの形になっており、家族への申し送り事項を列挙する様式になっています。家族でも知らない事柄を書き残すことで家族の心理的・時間的負担を軽減することができ、家族への最後のラブレターとも称されています。

　一般に終活は高齢者の課題と考えられています。人生の終わりに向かっておこなうのが終活ですので、100％間違いではありません。しかし、終活は50代であっても必要です。なぜなら終活は自分を見直す作業でもあるからです。人生半ばで自分を振り返り、後半生を生きる糧にするために終活は大切な行事といえます。

　万が一への備えとして20代・30代・40代の方々が何ら疑うことなく家族のために生命保険に入っています。他人がその判断に疑問を挟む余地はありません。一方、50代・60代の方々はまだ終活を考えなくともよいとの考え方はどうなのでしょうか。終活は金銭を伴わないので、生命保険の加入ほど重要性・喫緊性が感じられないのでしょうか。終活は家族への思い遣りを実現するのが目的です。金銭に換算して、生命保険と比較することはできません。生命保険同様に終活は大事です。

　この章と第11章を読んでいただければお分かになりますが、終活は一日や二日間で終わる単に空欄を埋めるだけの作業ではありません。この章で紹介されている具体策をすべて実行するとなると、引退されて自由時間がたくさんある方でも3カ月以上は要するでしょう。現役で働いている方の場合はもっと時間が必要になります。終活はそれほど重要な行事なのです。終活を始めるのに早過ぎることはありません。

 終活で何をすべきか？

　人は余命のある間に何をすべきか？　思う存分好きなことをして人生を楽しもうと考えるのが自然かもしれません。もちろんそういう考えは悪いことではありませんが、自分が"したいこと"と同時に自分が"するべきこと"を考えてみてはいかがでしょうか。この両者間には大きな違いがあります。"したいこと"は自分のためですが、"するべきこと"は人のためです。

　では一体、誰のために？　ほとんどの人が考えることは残される家族ではないで

しょうか。私は、家族のためにすべきことは以下の3つに集約されると思います。

① 自分が去った後の家族の心理的負担の軽減
② 家族が必然的におこなうことになる事務作業の軽減
③ 家族に思いを伝えること

そしてそれらを実現するために、以下の6つの具体的行動を考えました。

① 家族と一緒の時間を設ける
② To-Doリストを作成し、実行する
③ 自分史を書く
④ 道標（みちしるべ）を書く
⑤ 死後事務リストを作成する
⑥ ラスト・プラニング・ノートを作る（第11章で説明します）

2 家族と一緒の時間を設ける ～思い出を遺す

　理由は説明を要するまでもないと思います。家族に自分との思い出を記憶に残してもらうのです。家族全員で集まるだけでなく、家族一人一人と別個に時間を過ごすことも大事です。食事に出掛けたり、買い物に出掛けたり、小旅行に出掛けたり、単に散歩するだけでもよいでしょう。目的は何であれ、一緒に過ごす時間を持つこと自体に意義があります。意識的に家族と一緒の時間を設ける行動を起こしましょう。

3　To-Do リストを作成し、実行する

　To-Doリスト（＝やるべき項目の一覧表）の作成をおすすめします。できれば、二種類の To-Do リストを作成するとよいでしょう。一つ目は今からするリスト、二つ目は逝く3カ月（または6カ月）前になったら実行するリストです。

今から実行する To-Do リスト

　いずれやってしまいたいこと、やるべきことを箇条書きしたリストです。当初は物事の大小や時間軸にとらわれず項目を書き連ねるとよいでしょう。このリストでは、終わった項目は削除し、新しい項目は追加、または修正を加える、随時更新していくワーキング・ペーパーです。全ての項目が終了するまで定期的に見直しましょう。

　私の場合、以下のような項目を載せました。参考にしてください。
・自宅のリフォーム（D.I.Y. 含む）
・物置の整理整頓
・古着の処分
・書斎の整理整頓
・保険の見直し
・一部不動産の処分
・一部金融商品の解約
・水道光熱費の契約者変更（私から配偶者へ）
・配偶者へ自宅の贈与

どの項目も本来期限に関係なくやっておくべき項目ばかりですが、期限があるとの前提で順次こなしておくとよいでしょう。身辺整理の一環と考えてください。

逝く3カ月（または、6カ月）前になったらする To-Do リスト

　疾病が重くなり例えば余命数ヶ月と宣告される状況になった場合、残念ではあるがいよいよ逝く準備をしなければなりません。その時のために"最終3カ月（または6カ月）To-Do List"を作成しておきましょう。

　どのような項目を載せるかは各人によって異なるでしょうが、一般的には以下の項目が含まれるでしょう。

・パソコン内の不必要なデータの削除
・外国証拠金取引（Fx）や株式信用取引の建玉の手仕舞をする

10章　家族のための終活

・家族に重要書類（預金通帳等）を渡す
・友人・仲間・親戚に会う
・仕事関係者との最終打ち合わせ

4　自分史を書く ～家族史を遺す

　逝った後家族には何を遺してあげたいですか?それはあなたへの思い出です。子供は父親・母親の若い頃を知りません。あなたはご自分のお父さまやお母様が若いときに何をしていたがご存知でしょうか?　もし逝く人が自分の幼少時代から今までの自分史を書いて残しておいたら、残された家族にとって素晴らしい贈り物になるのではないでしょうか。妻や子供達にとって、親の知らなかった一面を知り改めて家族の絆に気が付くかもしれません。

　私事で恐縮ですが、私の母や父が亡くなってからはや20数年以上経ちました。今思うと私は父や母の若い時代のことはほとんど何も知りません。両親の生前中直接聞くこともなかったのです。叔母から断片的に父のことを聞いたことはありますが、全容を知るにはほど遠いといえます。

　自分自身に置き替えてみても、子供達に自分の若い頃の話をしたことはありません。自分の死後、子供達は私のことを何も知らずじまいになることを案じました。みんなが知っている父がどのように生き、どう考えていたのか知ってもらいたい。そのためには自分史を書いて残しておくのが最良の方法と考えました。

　書く内容は、何でもよいと思います。何ら形にとらわれる必要はありません。家系図、父母のこと、幼少期から現在までの経験・経歴、自慢できること、恥ずかしかったこと、楽しかった思い出、失敗したこと、嬉しかったこと、悔やんだこと、友人のこと、お世話になった人達のこと。形式にとらわれず、人生という長い旅路で徒然に書いた、父から家族への私文書と考えれば気が軽くなるでしょうか。最後に、コメントを付けたスナップ写真集を添付したら完璧でしょう。

自分史は時系列で、時間をかけて書く

　では、自分史を書くにあたり、全体の枠組みはどうしたらよいでしょうか。私は単純に時系列に書くのをおすすめします。私は下記のような各章に分けて書きました。

　1、まえがき
　2、○○家家系図
　3、履歴（生誕地、学歴、職歴、等）
　4、○○家の人々 – 両親、祖父母のこと
　5、幼少時代
　6、小学校時代
　7、中学校時代
　8、高校時代
　9、大学時代
　10、初就職
　11、転職
　12、結婚
　13、家族との一時
　14、第二の人生
　15、現在の心境

　この際、家系図を作成して、添付したらいかがでしょうか。ご自分のご両親、祖父母等の出身地や思い出を書き足しておくと、読者に先祖に対する親近感が湧いてきます。（ちなみに、私は20数年前の父の相続の際に取得していた父の戸籍謄本を基に数代前からの家系図を作成しました）

　あとは、記憶を頼りにご自分の歩んできた一生を振り返りながら、じっくり書いていくのです。自分史は一気に書く必要はありません。数カ月かけて思い出しては書き、暫くおいてまた思い出したら書き加えるように、ゆったり構えて取りかかると充実した成果物になります。自分史は生きた証しです。気力と体力のあるうちに自分史を書き始めることをおすすめします。

5 道標（みちしるべ）を書く 〜願いを遺す

　道標とは、目的地までの道筋を示す道先案内です。人生において様々な判断を迫られた時、何を基準に判断したら良いのか。ご自分が長い人生で培ってきた経験や知識、助言等を書き記しておけば、子供達のこれからの長い人生の道標になるでしょう。

 子供たちが困ったときのために

　自分の長い人生で経験したこと、学んだことなどを家族に伝えたいことがたくさんあると思います。子供達が自分の辿った道よりもっとよい方向に歩んでもらいたいと願う気持ちは親として当然です。しかし、家族との日常生活のなかでは、なかなか教訓や訓示めいたことを子供達に話す機会はありません。話しても嫌がられるのがオチです。

　そこで、自分の思いを道しるべとして、書き遺すのは如何でしょうか。自分史は自分の過去の経験やその時の思いを書き遺すものですが、道しるべは家族がこれから歩んで行く人生で大事と思うことを書いた未来志向です。

　ご自分の経験や仕事を通じて学んだ知識を家族に伝え遺すのが目的です。下にトピックの例を示しましたが、内容や形式にとらわれず、自分の思いを書き貫いてください。

- 仕事への姿勢
- 仕事と家族との時間の調和
- 子供（＝孫）への教育・習い事
- 貯蓄と資産形成

　子供は親の生前中は避けていても、親の逝ったあとになって親への思いを強く感じるものです。その時、親の子への強い思いが書き遺されていれば、感謝の気持ちに満ち溢れるでしょう。これこそ家族への最後のラブレターです。

6 死後事務リストを作成する ～家族の事務負担を軽減する

死後事務とは？

　死後事務とは亡くなった方の名義で加入・登録・所属等をしている団体・機関・企業との権利義務関係を解消する手続きのことです。行政や民間企業が関係先となり、その手続きは多岐にわたります。

　死後事務リスト作成の過程で、必要のない金融機関口座等を見つけだすことがあると思います。本人の生前中これらの口座の解約は簡単にできますが、亡くなった方の口座等の解約は相続手続きを経るため面倒です。家族の負担をできるだけ軽くするためにご自分ができることはしておきましょう。

　個々の死後事務の手続きはさほど難しいものではありません。問題となるのは、亡くなった方がどういう団体・機関・企業とどのような係わり合いを持っていたかを残された家族が把握することです。ここでは、8つの分野にまとめました。

1. 社会保障保険
2. 個人年金
3. クレジットカード
4. 所属団体・協会等
5. 損害保険
6. 生命保険等
7. その他の契約
8. 自動引き落し口座

社会保障保険

　亡くなった方の国民健康保険（または健康保険）、国民年金、厚生年金、介護保険（65歳以上の場合）の解約手続きをしなければなりません。基礎年金番号・被保険者番号および連絡先の情報を記録しておきます。保険証などの保管場所も明記しておきます。下記の例を参考にしてください。

社会保障保険 − 各種届（例）

注意：社会保険関連は届け出期限に留意すること。

制度名	加入者番号	必要な手続き	連絡先	期限
基礎年金・厚生年金	基礎年金番号：000000-000000	①受給停止届 ②遺族厚生年金の請求（同時に行う） ③未支給年金の請求（＊1）	○○年金事務所 ○○区○○ 1-2-3 ☎00-0000-0000	①国民年金14日以内、厚生年金10日以内（遅れると後日給付金返還請求の可能性あり） ②特に期限なし（但し支給が遅れる） ③5年以内
健康保険（給与所得者）	保険者番号：01234567 事業者名：株式会社○○○○ 被保険者番号：00000000 番号1	資格喪失届	全国健康保険協会○○支部 ☎00-0000-0000	5日以内に（死亡後は使用できない）
国民健康保険（自営業・年金受給者）	記号番号：00-00-0000-00	資格喪失届	○○○役所 国民健康保険課 資格係 ☎00-0000-0000	14日以内に（死亡後は使用できない）
介護保険	被保険者番号：00000000000 保険者名：○○区 保険者番号：000000	資格喪失届	○○○役所 高齢者福祉課 介護保険料係 ☎00-0000-0000	14日以内に
米国社会保障年金（U.S.Social Security）	Social Security No：000-00-0000	資格喪失届	米国大使館 年金課 ☎03-0000-0000	速やかに（遅れると後日給付金返還請求の可能性あり）

（＊1）年金受給者が亡くなった場合、未支給年金が発生します。これは、年金は亡くなった月の分まで支給されますが、後払いで振り込まれる（偶数月に振り込まれる年金はその前月と前々月分に対する年金）からです。例えば受給者が12月に亡くなった場合、10月と11月に対する年金は12月に振り込まれますが、12月分の年金は未支給になります。したがって、遺族が未支給年金を請求する必要があります。

個人年金

　企業年金、小規模企業共済年金、NISA、確定拠出型個人年金（通称 iDeco）、私的年金等があります。各年金の加入者番号と連絡先を記しておきます。

制度名	加入者番号	必要な手続き	連絡先
○○株式会社 企業年金	000-00000	受給者変更	○○株式会社 人事部年金課 電話00-0000-0000
小規模企業 共済年金	共済契約者番号： 0000000 CD：00	共済金請求書 （A共済事由）	中小企業基盤整備機構 港区虎ノ門3-5-1 虎ノ門37森ビル 共済相談室 ☎000-0000-0000

クレジットカード

　使用中のクレジットカードのカード番号と連絡先を記しておきます。(この際、過去一年以内使ってないクレジットカードは解約しましょう)

クレジットカード - 解約届（例）

注意：できるだけ早めに解約届を出す。なお、自動引き落し用の銀行預金口座が凍結されてしまい、引き落しでできなくなるとクレジットカード会社との遣り取りが面倒になるので、相続発生後クレジットカードは使用しないこと。

クレジットカード名	カード番号	連絡先/方法	使用目的
○○○ Card	0000-00000- 0000-0000	○○○○株式会社 ☎0000-000-000 (00-0000-0000)	下記以外の全ての場合に使用
○○カード TOP	0000-00000- 0000-0000	○○カード株式会社 ☎0000-000-000	○○ストアでの買い物に使用
ABC Card	0000-00000- 0000-0000	株式会社○○○ ☎0000-000-000	実家に滞在中、○○○ショッピングセンターで使用
○○屋 Silver Card	0000-00000- 0000-0000	株式会社○○屋 ☎0000-000-000	○○屋からお中元・お歳暮を注文する際のみに使用している。

10章 家族のための終活

 ## 所属団体・協会等

　所属団体や協会毎に登録番号（会員番号）と連絡先をリストにしておきます。個人によって様々な団体が考えられます。趣味の団体やJAF等を忘れずに。特に年間費等がかかるところは、その課金の時期も記しておくと、家族は適時に対応できます。

加入協会・団体 − 登録抹消・脱退届（例）
注意：届け出の期限は特にないが、次期会費等の請求前に届け出を出しておくとよい。

協会・団体名	登録番号 （会員番号）	連絡先	会費の有無
日本○○協会	J- 0000000	日本○○協会 ☎0120- 000- 000	年会費20,000円 （5月頃自動引き落し）
東京○○○会	0000号	東京○○○会 ☎00- 0000- 0000	四半期毎に 21,000円 （1,4,7,10月20日頃）
JAF	0000- 00000- 0000（本人） 0000- 0000- 0000（妻）	（一社）日本自動車連盟 ☎0570- 00- 0000	年会費6,000円 （本人＋妻） （6月1日付引き落し）
○○○・ メンバーズ・クラブ	0000000	○○○　新宿店 ☎00- 000- 0000	なし

 ## 損害保険

　家庭総合保険、地震保険、任意自動車保険、医療保険等があります。保険毎に簡単な内容、証券番号と連絡先を記しておきます。

損害保険 − 名義人変更届（例）

種類	保険会社	主たる証券番号	保険対象物	代理店
家庭総合保険	○○○損害保険	0000000	実家	○○○保険 サービス東京店 00-0000－0000 担当：日本太郎
マンションオーナーズ 総合保険	○○○火災保険	E0000000	カーサ世田谷 102号	○○総合 保険事務所 日本花子 00-0000-0000/ 090-0000-0000
自動車保険	○○○火災	D0000000	○○○シャトル Hybrid （品川○○○ ○○○）	（有）○○ 保険事務所 00-0000-0000

生命保険等

　生命保険、年金保険、就労不能保険、収入保障保険等があります。保険毎に簡単な内容、証券番号と連絡先を記しておきます。

生命保険 - 死亡届（例）

保険者：日本一郎；
被保険者：日本一郎：

保険会社	種類	主たる証券番号	保障内容 死亡保険金	保険金指定受取人	代理店
○○生命	定期保険	A0000000	1,000万円	日本幸子（妻）	東京ライフ（株）田中春子（090-0000-0000）（03-0000-0000）
損保○○○	終身保険 日本保険（株）	B0000000	500万円	日本幸子（妻）	田山夏子（090-0000-0000）（03-0000-0000）

その他の契約

　例えばホームセキュリティ契約、携帯（+固定）電話契約、パソコン保守契約、ソフトウエア使用契約等の契約があります。全ての契約を覚えている方は少ないと思います。自分名義の銀行口座から自動引き落しされている項目を調べて、どんな契約があるか確認してください。

その他の契約 - 契約者変更届・解約届（例）

種類	契約相手	契約番号	保険内容	保険対象物	連絡先
ホーム・セキュリティ	○○○株式会社	T0000000	不法侵入の通報等	自宅	○○○株式会社○○営業所 03-0000-0000
PC等テクニカルサポート	PC○○丸の内店	会員番号：0000000	機器の補修、バッグ解消、無料相談、等	iPhone 6S Fujitsu PC	PC○○丸の内店 ☎03-0000-0000
携帯電話	○○株式会社	契約者番号 00-0000-0000	月次料金	Apple iPhone	○○株式会社 00-0000-0000

自動引き落し口座

　ご自分名義の銀行口座毎に自動引き落しされている項目を全て調べて一覧表にしてください。毎月自動引き落しの他に、四半期毎や年次毎に引き落しされるものもあります。この過程で新たに見つかった契約等を前述のリストに付け加えてください。

自動振替・引落し口座（例）

引き落し口座	契約先	振替日	適用
○○銀行 ○○支店 （普1234567）	○○電力○○（株）	1日（毎月）	電気料金
	東京都水道局	2日（奇数月）	水道費
○○銀行 ○○支店 （普2345678）	○○屋	1日（毎月）	○○屋クレジットカード
	○○○ファイナンス	5日（毎月）	自家用車月賦払い
	○○○ミュージックサロン	10日（毎月）	月謝
	○○○○カード：	10日（毎月）	○○ Card 支払い分
	○○カード	10日（毎月）	○○ストア買い物
	ABC カード	10日（毎月）	○○ショッピングセンター
	○○ケーブル TV	27日（毎月）	ケーブル TV・インターネット・電話
	日本○○協会	5月（年1回）	年会費
	○○損保	1月26日	家庭総合保険料
	○○区固定資産税課	2,6,9,12月末	固定資産税

第11章
ラスト・プラニング・ノート

本章を読んでほしい方
・逝った後の家族の負担を軽減したい方
・自分の死後適えてもらいたい事がある方
・家族に伝えておきたい事がある方
・ラスト・プラニング・ノートを作成したい方

50代の方にとってラスト・プラニング・ノートの作成は現実味の乏しい作業でしょう。自分はどのような最後を迎えたいのか、想像を巡らせながら書き進めてください。今まで考えていなかった境地に入り、新たな行動を起こすきっかけにもなります。一方、70代以上の方には喫緊の課題です。気力のあるうちにラスト・プラニング・ノートの作成に取り掛かってください。

1 ラスト・プラニング・ノートに何を書く?

ラスト・プラニング・ノートは、自分の死後家族が速やかに執り行う作業について自分の意向・希望や個人の情報を書き記したものです。自分が逝った後、家族が混乱せずスムーズに様々な作業がおこなえるよう、自分の意向・希望をラスト・プラニング・ノートにまとめておくと家族はおおいに助かります。

ラスト・プラニング・ノートの内容には以下の事柄が含まれます。
　① 個人情報
　② 重要書類保管場所
　③ 通夜・葬儀の段取り
　④ 尊厳死宣言
　⑤ 臓器の提供
　⑥ 個人事業の引き継ぎ
　⑦ 遺品の整理

2 個人情報

以下の情報を記しておきます。

　① IDとパスワード一覧表
　　検索用と支払い用に分けるとよいでしょう。
　　　（a）検索用……主にインターネット上のホームページにアクセスするためのIDとパスワードは、検索用のリストにまとめておきます。
　　　（b）支払い用……資金等の支払を伴う預金口座等にアクセスするためのIDとパスワードは、支払い用のリストにまとめます。
　② 金融機関届出印の印影
　　本人以外は知らない場合が多いので、金融機関毎に届出印を金融機関名の隣に押印したリストを作成しておきます。

ID・パスワード一覧表と金融機関届出印の印影は厳重に保管する必要があるのは言うまでもありません。

3　重要書類保管場所

　銀行通帳、印鑑、各種契約書、各種証明書、不動産登記済証（および登記識別情報）などの重要書類の保管場所を書き残しておきましょう。自分にとって当たり前でも家族にとっては知らないことがあるので、この記録は家族には重宝します。

4　通夜・葬儀の段取り

（1）通夜・葬儀の仕方
　通夜葬儀の形式、場所と規模、通夜訪問客への配慮、僧侶の連絡等を明確に意思表示しておくと、家族は迷うことなくことを進めて行くことができます。

（2）遺影について
　できればデジタル化した遺影を事前に用意しておくとよいです。旅行先でのスナップ写真でも、プロが遺影用に加工できるので、気に入った写真を複数枚用意しておくとよいでしょう。

（3）遺骨とお墓について
　先祖代々のお墓がない場合、遺骨はどう保管してほしいのか、またお墓の建立に関して希望等を記しておきましょう。

（4）通夜葬儀参列者への連絡
　連絡先のリストは、以下の三種類を用意するとよいでしょう。

　①通夜・葬儀を通知する相手方
　リストを作成する際、関係する団体・グループ毎にリストアップしてその組織のキー・パーソンを連絡先にする。さらにその団体またはキー・パーソンとの関係を付記しておくと、家族としても安心して連絡できます。

通夜葬儀の連絡先リスト（例）

関連団体等	関係	連絡先		
		氏名	☎番号	備考
親戚	実家	高橋正夫・正子	○○○○- ○○○○- ○○○○	高橋家親戚に連絡してもらう。
ギター	ギターの先生	二本木秋雄	090-○○○○- ○○○○	過去10年間教えてもらっている
○○高等学院	高校同級生	一橋春樹	080-○○○○- ○○○○ 03-○○○- ○○○○	学院Ｂ組同級生
○○株式会社	元勤務先の同僚	山田一郎	090-○○○- ○○○○	入社以来の同僚
友人	友人	島田治	090-○○○- ○○○○ 03-○○○- ○○○○	40数年来の友人

②通夜葬儀執行後に連絡する相手先
　リストは個人（氏名、住所等）ごとに作成する。

③年賀状の代わりに喪中挨拶状を出す相手先
　リストは個人（氏名、住所等）ごとに作成する。

5 尊厳死宣言

「昨日まで元気だったのに急に寝たきりになってしまった」そんな話も聞こえてきます。そうならないことが望ましいですが、万一、急に寝たきりになってしまった場合、あなたはどんな治療を受けたいか等について予め意思表示をしておくと家族が迷うことがありません。

　尊厳死宣言とは、不治かつ末期の病の場合、延命処置を施してほしいかどうか事前に自分の意思を登録しておく制度です。尊厳死宣言をしていると、延命処置は行われず、痛み等の緩和治療に重きを置いた治療がなされるよう取り計らってもらえます。
　通常延命治療を拒否するには、本人と家族および医師の同意が必要になります。したがって、自分の意思を家族に明確に知らしめておくことと、第三者である医師に対して明示できる様書面化しておくことが必要です。

　一般社団法人日本尊厳死協会では尊厳死宣言書（定型）を提供しています。詳しくは当法人のホームページをご覧ください。当協会の会員になると、尊厳死宣言書原本は日本尊厳死協会に保管され、本人は尊厳死宣言カードを保持することになります。日本尊厳死協会の年会費は2千円です。公証役場で尊厳死宣言公正証書を作成する方法もあります。作成料は1万1千円からです。

　なお、尊厳死宣言カードは不慮の事故に備えて、健康保険証等とともに常時携帯しておきましょう。参考例として日本尊厳死協会の"リビング・ウイル"と"私の希望表明書"を掲載します。

リビングウイル – Living Will
－終末期医療における事前指示書－

　この指示書は、私の精神が健全な状態にある時に私自身の考えで書いたものであります。

　したがって、私の精神が健全な状態にある時に私自身が破棄するか、又は撤回する旨の文書を作成しない限り有効であります。

　□私の傷病が、現代の医学では不治の状態であり、既に死が迫っていると診断された場合には、ただ単に死期を引き延ばすためだけの延命措置はお断りいたします。

　□ただしこの場合、私の苦痛を和らげるためには、麻薬などの適切な使用により十分な緩和医療を行ってください。

　□私が回復不能な遷延性意識障害（持続性植物状態）に陥った時は生命維持措置を取りやめてください。

　以上、私の要望を忠実に果たしてくださった方々に深く感謝申し上げるとともに、その方々が私の要望に従ってくださった行為一切の責任は私自身にあることを付記いたします。

私の希望表明書

　私は、協会発行の「リビング・ウィル（終末期医療における事前指示書）」で、延命措置を受けたくないという意思をすでに表明しています。それに加えて、人生の最終段階を迎えた時に備え、私の思いや具体的な医療に対する要望をこの文書にしました。自分らしい最期を生きるための「私の希望」です。

　　　記入日：　　　　年　　　月　　　日　　　　　本人署名：

希望する項目にチェックを入れました。

1. 最期を過ごしたい場所　（一つだけ印をつけてください）
□自宅　□病院　□介護施設　□分からない
□その他（　　　　　　　　　　　　　　　　　　　　　）

2. 私が大切にしたいこと（複数に印をつけても構いません）
□できる限り自立した生活をすること　　□大切な人との時間を十分に持つこと
□弱った姿を他人に見せたくない　　　　□食事や排泄が自力でできること
□静かな環境で過ごすこと　　　　　　　□回復の可能性があるならばあらゆる措置を受けたい
□その他（　　　　　　　　　　　　　　　　　　　　　）

　　　＊以下「3」と「4」は、「ただ単に死期を引き延ばすためだけの延命措置はお断りします」という表現では伝えきれない希望や、「止めてほしい延命措置」の具体的な中身を明確にするためのものです。

3. 自分でたべることができなくなり、医師より回復不能と判断された時の栄養
手段で希望すること（複数に印をつけても、迷うときはつけなくてもよいです。）
□経鼻チューブ栄養　□中心静脈栄養　□胃ろう　□点滴による水分補給
□口から入るものを食べる分だけ食べさせてもらう

4. 医師が回復不能を判断した時、私がして欲しくないこと
（複数に印をつけても、迷うときはつけなくてもよいです）
□心肺蘇生　□人工呼吸器　　□気管切開　□人工透析　□酸素吸入
□輸血　　　□昇圧剤や強心剤　□坑生物質　□抗がん剤　□点滴

5. その他の希望

6 臓器の提供

　自分の死後、自分の臓器を提供することを希望する場合には事前に意思表示しておく必要があります。この場合**家族全員**の承諾が必要です。もちろん、本人が臓器提供をしない意思を表明している場合には、臓器提供はおこなわれません。本人の臓器提供の意思が不明の場合には**家族全員**の承諾があれば可能ですが、本人の意思を確認できない状況で家族が決断を下すのは難しいのが現実です。本人に身内がいない場合、本人の意思表示が尊重されます。

　本人による臓器提供の意思表示は色々な媒体を介してできます。例えば、健康保険証、マイナンバーカード、運転免許証の意思表示欄です。公益社団法人日本臓器移植ネットワークにインターネットを通じて登録することもできます。要は、尊厳死宣言同様、家族に自分の意思を明確にして、事前に家族全員の合意を得ておくことが大事です。

　例えば運転免許証の裏側に記載されている文言は以下のようになっています。

以下の部分を使用して臓器提供に関する意思を表示することができます（記入は自由です。）
記入する場合は、1から3までのいずれかの番号を○で囲んでください。

1. 私は、脳死後および心臓が停止した死後のいずれでも、移植のために臓器を提供します。
2. 私は、心臓が停止した死後に限り、移植のために臓器を提供します。
3. 私は、臓器を提供しません。
（1又は2を選んだ方で、提供したくない臓器があれば、×をつけてください）
心臓・肺・肝臓・腎（じん）臓・膵（すい）臓・小腸・眼球

特記欄：　　　　　　　　　　　　　　　《自筆署名》
　　　　　　　　　　　　　　　　　　　《署名年月日　　年　　　月　　　日》

7　個人事業の引き継ぎ

　事業承継問題はこの本の範疇ではありませんが、この本の主旨の範囲内において個人事業の承継について述べたいと思います。

　個人によっては、会社引退後も何らかの事業に従事している方もいらっしゃるでしょう。組織の一員として事業に参加している場合には、組織内でその責務の引き継ぎが完結されるでしょうが、個人事業を展開している場合でその事業に精通している家族がいれば問題ありませんが、そうでない場合にはその個人が亡くなった後の事業引き継ぎが問題になります。

　私の友人の場合は不動産賃貸事業を一人で行っているため、彼の死後その事業の引き継ぎとノウハウの伝授が問題でした。彼の妻は長年専業主婦を、3人の子供達はそれぞれ企業や団体に勤めており、個人事業の下地は全くありません。そこで彼は、事業に関することを20ページ以上に書き記しました。もちろん、一読しただけ引き継ぎができるような事業などありません。それでも何度も読み返すうちに全体像をつかむことはできます。さらに協力してもらっているコンサルタント、不動産仲介会社、管理会社、税理士と事前の打ち合わせしておき、彼亡き後の各自の業務分担を増やしてもらい、家族の負担を少しでも軽くするよう段取りをしてもらいました。

彼の事業の場合、下記の項目を中心に書面化しました。
　　①事業の全体像
　　②業務の手順
　　③外部協力者の役割とデータのやり取り
　　④会計処理
　　⑤決算書・確定申告の作成手順
　　⑥事業引き継ぎ後の外部協力者・税理士との業務分担
　　⑦書類・契約書等の保管場所

　事業内容によって引き継ぎ内容は異なってくるでしょう。一度、ご自分の事業を見直し、その業務の段取りを書面化したらいかがでしょうか。その過程で外部協力者との業務分担の見直しやより効率的な手順が思いつくかもしれません。また、事業の内容によっては、今までの顧客を他の同業者に引き継いでもらうことも視野に入れる必要もあります。

8 遺品の整理

　遺品は残すのではなく、処分・形見分け・寄付して整理しましょう。つまり身の回りの物を減らすことです。

 ## 処分する

　本人にとっては思い出深いまたは愛着のある物であっても、他の人（家族を含めて）にとっては全く意味のない物もあります。それらの物は、遺品として残されても家族は困惑するだけです。いっそのこと生存中に処分してしまったほうがよいでしょう。

　遺されては家族が困るものとしては、以下の物が考えられます。
　　① 衣類
　　② 寝具
　　③ 書籍
　　④ 写真・アルバム
　　⑤ 趣味のコレクション、道具類
　　⑥ 古いパソコン、附属設備
　　⑦ 使用中のパソコンに蓄積された不必要なデータ

　まとめるとだいぶ量が嵩みます。しかも全て愛着があり、なかなか手放しにくい物が多いでしょう。しかし、あなたがいなくなった後、結局家族がこれらを処分するわけですから、この際あなた自身がなさるのが理にかなっています。

　一度に処分しようとすると、気が滅入ってしまうでしょうから、項目を絞って何回かに分けおこなうと精神的負担が少なくてよいでしょう。処分していくなかで、形見分けしたい物と相手を思い浮かべるかもしれません。それは別途メモしておき、後日相手と確認するとよいでしょう。

 ## 形見分けする

　愛着のある品を親戚や親しい友人に形見分けしたいこともあるでしょう。しかしよかれと思っても受け取る方には迷惑かもしれません。事前に相手の意向を聞いておくのが無難です。

寄付する

　ご自分の相続財産から金銭を寄付したいと考えている方もいらっしゃるかと思います。その場合事前に寄付金額と寄付先を決めておき、遺言書にその内容をしたためておく必要があります。

　遺言書に寄付が明記されていない場合、税法上その寄付は相続税を差し引いた後、相続人が受け取った相続財産の中から寄付することになります。寄付が遺言書に明記されていれば、寄付金は相続財産から直接受遺者に支払われたことになります。その分家族である相続人の税負担が軽くなります。

　また、所有している不動産を公共の福祉に供したく寄付したいと考えている方もいらっしゃいます。ある程度の規模の土地であるなら受け取る団体もでてくるかと思いますが、小規模の宅地等の場合なかなか受け取り手がいないのが現状です。

　土地家屋等を公共の福祉に供すべく寄付したい場合、家族の同意を得る以外に、受け入れ先を事前に見つけておくことが必須です。なお、税法上受遺者である団体が厳しい条件を満たさない限り、不動産の遺贈は課税扱いとなり、受遺者は相続税を支払うことになります。

あとがき

　50代の方々はご自分の仕事には精通していても、人生の後半生において乗り越えていかなければならない諸問題についてはあまり深く考えたことがないのではと、私自身の経験と照らし合わせて、感じていました。　そして、そういう方達に少しでもお役に立てればとこの本を書くことにしました。私のサラリーマン時代に得た金融、税務、不動産の知識、及び独立後ファイナンシャルプランナー兼行政書士として得た保険、相続・遺言、成年後見、終活の知識をこの本にまとめ上げました。

　本書は50代を主な読者層と見据えて書きましたが、40代から80代の方々にとっても有用な知識が多々含まれていると思います。この本は、手取り足取り手順を教えるいわゆるハウツウ本ではありません。どういう物事に留意して、どういう観点から考えたらよいか「気付き」を提供するのがこの本の主旨です。気付いたらご自分で更に勉強して最善の策を見つけて実践していってください。その過程において、必要に応じて専門家のサポートを受け、またおおいに行政機関のサービスを活用してください。

　この本の出版にあたり、横濱裕太氏、中村伸子氏、高田磨氏、徳田雄治氏の各氏から各専門分野に関わる助言を頂きました。ビジネス教育出版社の高山芳英氏からは多岐にわたりご尽力、ご助言いただき、この本を出版することができました。改めて皆様にお礼申し上げます。

〈著者〉

田井 秀道

1949年生。早稲田大学高等学院卒業後渡米。米国スワスモア大学卒業、コロンビア大学院ビジネススクール（M.B.A.）卒業。米国ニューヨーク市にて会計事務所に5年間勤務後、米国大手証券会社ソロモン・ブラザース・インクに就職。帰国後東京支店に26年間勤務。引退後、公益財団法人理事・投資顧問会社監査役を務め、また区民相談員として広範囲の市民相談業務に従事した。取得資格：米国公認会計士、CFP®、宅地建物取引士、行政書士など。

50代必修の10科目　～老後資金計画から終活まで～

2018年12月19日　　初版第1刷発行
2019年 1 月29日　　　　第2刷発行

著　者	田　井　秀　道
発行者	酒　井　敬　男
発行所	株式会社 ビジネス教育出版社

〒102-0074　東京都千代田区九段南 4 - 7 - 13
TEL 03（3221）5361（代表）／FAX 03（3222）7878
E-mail ▶ info@bks.co.jp　　URL ▶ https://www.bks.co.jp

印刷・製本／壮光舎印刷株式会社
ブックカバーデザイン／飯田理湖　本文デザイン・DTP／坪内友季

落丁・乱丁はお取替えします。

ISBN978-4-8283-0736-7

本書のコピー、スキャン、デジタル化等の無断複写は、著作権法上での例外を除き禁じられています。購入者以外の第三者による本書のいかなる電子複製も一切認められておりません。